약속하신 대로

약속하신 대로

첫판 1쇄   2008년 11월 5일
개정판 1쇄   2022년 7월 30일

지은이   찰스 스펄전
옮긴이   오수현
펴낸이   김은옥
디자인   한영애
펴낸곳   올리브북스

주소   인천시 부평구 부평대로 153
전화   032-233-2427
이메일   olivebooks@naver.com
블로그   blog.naver.com/olivebooks
인스타그램   instagram.com/olivebooks_publisher

출판등록   제2019-000023호(2007년 5월 21일)

ISBN   978-89-94035-58-1 (03230)

세상은 행동하는 사람에 의해 움직입니다. 소중한 경험, 따뜻한 시선을 가진 원고,
참신한 기획의 소재가 있으신 분은 올리브북스와 의논해 주십시오. 그 원고가 세상
의 소금과 빛이 될 수 있도록, 최고의 책으로 빛날 수 있도록 정성을 다하겠습니다.

총판 기독교출판유통   031-906-9191(전화), 0505-365-9191(팩스)

Charles

Spurgeon

찰스 스펄전 지음 | 오수현 옮김 약속하신 대로

올리브북스
Olive Books

차례

Charles
Spurgeon

01
영적 분별력

서로 다름을 구별할 수 있는 능력은 매우 중요하다. 겉모습은 믿을 만한 것이 못된다. 서로 비슷해 보이지만 사실은 정반대의 것일 수 있다. 전갈과 알, 돌과 빵 조각은 비슷하지만 완전히 다른 존재들이다. 비슷하지만 전혀 다른 것일 수 있다. 영적인 문제는 특히 더 그러하다. 그래서 우리는 마땅히 주의를 기울여야 한다.

신앙이 깊은 것처럼 보여도 죄로 인해 죽어 있고, 천국의 상속자인 것처럼 보여도 여전히 분노의 자녀로 사는 이들이 많다. 회심하지 않은 사람이 믿음과 비슷한 신념을 가지고 있지만, 그것은 참된 믿음이 아니다. 어떤 사람들은 영적인 사랑의 온기가 있는 경건한 애정을 보여 주기도 하지만, 은혜로운 생활은 완전히 결여되어 있다. 보석을 모조할 수 있는 것처럼 은혜도 위조될 수 있다. 가짜와 진짜 보석이 놀랄 만큼 비슷한 것처럼 위조된 은혜는 성령의 사역과 믿기 어려울 정도로 비슷하다. 우리는 영혼의 문제에 있어서 자신을 냉정하게 판단해야 한다. 그렇지 않으면 자기 마음을 속이게 될 것이다. 많은 사람이 이미 잘못 판단하고 있고, 실제로 극히 실망하게 될 괴로운 세상에서 눈을 뜨기 전까지는 자신의 망상을 절대 깨닫지 못한다. 우리는 이것을 두려워해야 한다.

죄인인 상태로 죽은 아이를 그 어머니가 정성스럽게 씻어줄 수는 있지만, 그렇다고 해서 그 아이가 은혜를 입은 아이로 살아나지는 않는다. 영혼에 하나님의 생명을 가진 사람과 없는 사람 사이에는 영원한 차이가 있기 때문이다. 그리고 중요한 것은 우리가 이 생명을 가졌는가이다. 당신은 이 생명을 가졌다고 확신하는가?

평화가 없는 곳에서 "평화, 평화"라고 울부짖는 일, 자신에 대해 듣기 좋은 말로 예언하고 자기 마음을 안심시키고 자기 양심을 잠들게 하는 일, 그리고 심판의 우렛소리에 망상에서 깨어나 영원한 공포에 들어가게 될 때까지 그 잠에서 절대로 깨어나지 못하는 것은 무서운 일이다.

나는 당신이 자신을 돌아볼 수 있도록 도움을 주고 싶다. 그리고 당신이 자기를 돌아보는 일 그 이상으로 나아가 정말 풍성한 은혜를 얻고, 거룩하고 행복한 상태가 지속될 수 있도록 돕고 싶다.

이 작은 책의 첫 번째 부분은 쭉정이와 알곡을 구분하는 고운 체의 역할을 할 것이다. 내 친구에게 이것을 적용해 보도록 했다. 이 일은 그가 해본 일 중에서 가장 최고였을 것이다. 자기 은행 계좌를 살펴보고 사업이 기울고 있다는 것을 깨달은 사람은 파산을 면할 수 있다. 이런 일은 당신에게도 일어날 수 있다. 반면에 자신의 천국 사업이 번창하고 있음을 발견한다면 커다란 위로가 될 것이다. 자신의 마음을 정직하게 살피는 사람은 결코 패하지 않는다. 당신도 한번 시도해 보라.

두 아들

기록된 바 아브라함에게 두 아들이 있으니 하나는 여종
에게서, 하나는 자유 있는 여자에게서 났다 하였으며 여
종에게서는 육체를 따라 났고 자유 있는 여자에게서는
약속으로 말미암았느니라 _갈 4:22-23

아브라함에게는 두 아들이 있었다. 이스마엘과 이삭은
논쟁의 여지없이 틀림없는 아브라함의 아들들이다. 그
러나 그중 한 사람은 언약의 축복을 상속받았고, 다른 한
사람은 그저 세상에서 출세한 사람일 뿐이다. 이 둘이 얼
마나 비슷한지 살펴보자.

그들은 같은 부족에서 태어났고, 같은 위대한 족장을

'아버지'라고 불렀고, 아버지와 함께 같은 장막에 머물렀다. 그러나 이스마엘은 언약에 대해 이방인이었고, 이삭은 약속의 상속자였다. 혈연과 태생은 정말 아무것도 아니다.

이것보다 더 주목할 만한 사건은 잠시 후에 일어난다. 에서와 야곱은 한 어머니에게서 동시에 태어났지만, 성경에는 "내가 야곱은 사랑하고 에서는 미워하였다"(롬 9:13)라고 기록되어 있다. 한 사람은 은혜의 삶을 살았고, 다른 한 사람은 세속적인 삶을 살았다. 이 두 사람은 정말 비슷하게 태어났지만, 결국에는 서로 멀어지고 말았다. 분명히 두 사람이 한자리에 누워 있을지라도 한 사람은 데려감을 당하고, 다른 한 사람은 버려둠을 당할 것이다. 또한 두 사람이 동시에 세상에 왔을지라도 한 사람은 하나님의 기업을 받게 될 것이고, 다른 한 사람은 고기로 만든 식사 때문에 장자권을 넘기게 될 것이다. 우리는 같은 교회 안에서 같은 물로 세례를 받고, 같은 성찬 식탁에 앉고, 같은 찬양을 부르고, 같은 기도를 드릴 수 있지만, 여자의 후손과 사탄의 후손처럼 서로 대적하는 두 부류로 나뉠 수 있다.

바울은 아브라함의 두 아들을 두 유형의 종족이라고 단언했다. 이 두 종족은 많이 비슷하지만, 실제로는 완전히 다르다. 이들은 근원이 다르지만 모두 아브라함의 아들들이다. 하갈의 소생 이스마엘은 일상적인 조건에서 태어난 아브라함의 아들이었다. 이스마엘은 육체를 따라 태어났다. 사라의 아들 이삭은 육체의 힘으로 태어나지 않았다. 이삭의 아버지는 백 살이 넘었고 어머니도 아기를 갖기에는 나이가 너무 많았다. 이삭은 하나님께서 그 부모에게 주신 아들이었고, 믿음을 통해 약속에 의해 태어났다. 이것은 중요한 차이점이다. 그리고 이것으로 하나님의 참된 자녀와 허울뿐인 종교인이 구분된다. 차이의 밑바탕에는 약속이 자리잡고 있다. 그리고 그 약속을 성취하는 능력이 차이를 만들어내고 그 차이를 유지한다. 따라서 약속은 우리의 기업이며, 우리를 시험하고 평가하는 기준이 된다.

우리가 약속을 성취하신 능력으로 태어난 사람인지를 알아보기 위해 이 시험을 한번 해보자.

몇 가지 질문을 하면, 당신은 어떻게 회심했는가? 자기 힘에 의한, 사람들의 설득에 의한, 세상적인 흥분에 의한 회심인가, 아니면 성령의 역사에 의한 회심인가? 당신은 거듭났다고 고백한다. 어떻게 해서 거듭났는가? 하나님의 영원한 목적과 약속의 결과로 인한 하나님에게서 비롯된 것인가, 아니면 당신 자신에게서 비롯된 것인가? 더 잘하려고 노력하고 자기 본성을 더 나은 모습으로 만들려는 옛 본성인가? 만약 그렇다면 당신은 이스마엘이다. 영적으로 죽었고, 죽은 상태에서 일어날 수 있는 아무 힘이 없는 당신에게 성령이 찾아오셔서, 그분의 거룩한 에너지를 불어넣어 주시고 하늘의 생명이 당신 안에 들어가도록 하셨는가? 만약 그렇다면 당신은 이삭이다. 모든 것은 영적 생명의 시작, 그 생명이 시작된 근원에 달려 있다. 당신이 육체로 시작했다면, 육체로 살아가고 육체로 죽을 것이다.

"육으로 난 것은 육이요"(요 3:6)라는 말씀을 기억하는가? 오래지 않아 육체는 소멸하고, 육체로부터 썩어질 것을 거두게 된다. 오직 "영으로 난 것은 영이니"(요 3:6)라고 말씀한다. 영혼이 살아나는 것은 기쁜 일이다. 그리고 그때 영원한 생명을 얻게 될 것이다. 당신이 신앙을 고백한 사람이든 그렇지 않든, 자기 자신에게 물어보라. "나는 성령의 능력을 체험했는가?"

당신 안에 있는 생명은 육체적인 욕망이 작용한 결과인가, 아니면 위로부터 부어 주신, 나누어 주신, 심어 주신 새로운 요소인가? 당신의 영적 생명은 하늘의 창조물인가? 당신은 그리스도 예수 안에서 새롭게 창조되었는가? 당신은 하나님의 능력으로 거듭났는가?

일반적인 종교에서 말하는 은혜는 얇게 입고 미끄러지듯 지나가는 속성이 있다. 죄인들은 스스로 깨끗하게 하고, 나쁜 습관과 더러움을 털어낸다. 그리고 자신의 옛 본성이 새로워진 것과 다름없다고 생각한다. 이렇게 옛 사람을 바꾸고 수정하는 것도 좋은 것이지만, 필요한 수준에 도달하기에는 역부족이다. 당신이 원하는 대로 이스마엘의 얼굴과 손을 씻어줄 수는 있지만, 그를 이삭으로 만들지는 못한다. 당신은 본성을 향상할 수 있고, 그렇게 하면 어떤 일시적인 목적을 위해서는 나아질 수도 있다. 하지만 은혜 속으로 끌어올릴 수는 없다. 타락한 인간성의 습지에서 끌어올리는 샘물과 하나님의 보좌에서 흘러나오는 강물에는 근본적인 차이가 있기 때문이다.

우리 주님이 직접 우리에게 "거듭나야 하겠다"(요 3:7)

고 말씀하신 것을 잊지 마라. 당신이 위로부터 거듭나지 않으면 열심히 교회에 다니고 예배에 참석했던 모든 일은 아무 의미가 없다. 당신의 기도, 당신의 눈물, 성경 다독하기 등 오직 당신 자신에게서 나온 모든 것은 오직 당신 자신에게로 돌아가게 할 뿐이다. 자연적으로 물은 그 근원까지는 올라갈 수 있지만, 그 이상으로는 올라가지 못한다. 인간 본성에서 시작된 일은 인간 본성까지는 올라가겠지만, 신적인 본성에는 도달할 수 없다. 당신의 거듭남은 육체적인 것인가, 초자연적인 것인가? 당신의 거듭남은 인간의 의지였는가, 하나님의 의지였는가? 이 질문에 대한 대답에 따라 많은 것이 달라질 것이다.

하나님의 자녀와 허울뿐인 종교인은 가장 중대한 문제인 근원에서부터 차이가 있다. 이삭은 약속에 의해서 태어났다. 이스마엘은 약속이 아닌 육체를 따라 태어났다. 육신의 능력이 충분한 곳에는 약속이 없다. 하지만 인간의 능력이 부족할 때 하나님의 말씀이 개입한다. 하나님은 아브라함에게 사라를 통해 아들을 가져야 한다고 말씀하셨다. 아브라함은 그 말씀을 믿었고 기뻐했다. 그리고 이삭은 하나님 약속의 결과로 하나님의 능력에 의해 태어났다. 약속이 없었다면 이삭은 존재할 수 없었다. 그리고 은혜의 약속, 약속의 은혜가 없으면 참된 성도는 있을 수 없다.

이제 당신의 구원에 관해 질문하려고 한다. 당신은 행한 일로 인해 구원받았는가? 당신의 종교는 육체적 능력의 산물인가? 구원에 필요한 모든 조건을 감당할 수 있다고 생각하는가? 자신의 육체적 탁월함과 도덕적 능력 때문에 안전하고 행복한 상태에 있다고 스스로 결론짓고 있는가? 그렇다면 당신은 이스마엘의 방법을 좇고 있는 것이다. 그리고 당신은 기업을 얻지 못할 것이다. 기업은 육체가 아닌 약속에 의해 주시기 때문이다.

반면에 "저의 소망은 오직 하나님의 약속에만 있습니다. 하나님은 아들 예수님을 통해 그분을 믿는 모든 죄인에게 그 약속을 보여 주셨습니다. 저는 예수님을 믿습니다. 그래서 하나님이 약속을 이루시고 저를 축복해 주실 것을 믿고 신뢰합니다. 저는 제 노력이 아닌 하나님이 값없는 은혜로 주시는 선물로서 하늘의 축복을 기대합니다. 저는 하나님이 값없는 은혜로 죄인들에게 주시는 사랑에만 소망을 둡니다. 그 사랑으로 하나님은 죄의 문제를 해결하고, 자격이 없는 사람들에게 영원한 의로움을 주시려고 성자 예수님을 주셨습니다"라고 말한다면, 이 것은 '아브라함이 우리 조상'이라고 말하는 이스마엘 자손과는 전혀 다른 언어다.

당신은 지금 이삭처럼 말하는 법을 배웠다. 차이가 별로 없는 것 같아서 잘 모를 수도 있겠지만, 실제로는 대단한 차이다. 여종이었던 하갈과 여주인인 사라는 전혀 다른 사람들이다. 한 사람에게는 약속이 없고, 다른 한 사람에게는 영원한 축복이 주어졌다. 노력에 의한 구원과 은혜로 얻은 구원은 전혀 다르다. 인간의 힘으로 인한 구원과 하나님의 능력으로 인한 구원은 전혀 다르다. 우리 자신의 결심에 의한 구원은 하나님의 약속에 의한 구원과 정반대다.

자신에게 이런 질문을 해보고 당신은 어느 쪽에 속하는지 살펴보라. 당신은 이스마엘에게 속한 사람인가, 아니면 이삭에게 속한 사람인가?

약속을 따라 태어난 이삭과 같은 사람이라면 당신의 이름이 '웃음'이라는 것을 기억하라. 히브리 이름인 이삭을 번역하면 '웃음'이라는 뜻이다. 말할 수 없는 영광으로, 충만한 기쁨으로 기뻐하라. 당신의 거듭남은 정말 놀라운 일이다. 아브라함과 사라가 이삭을 생각하며 웃었다면 당신도 자신을 생각하며 충분히 그럴 수 있다. 내가 혼자 앉아서 (하나님의 모든 피조물 중에서 가장 가치 없는) 나에 대한 하나님의 은혜를 생각하면, 하나님이 사랑과 은혜로 나를 보고 계신다니 너무 기뻐서 웃기도 하고 동시에 울기도 한다. 그렇다. 하나님의 모든 자녀는 자기 영혼 안에서 이삭의 특징이 나타나는 것, 즉 입이 웃음으로 가득차는 것을 느껴야 한다. 하나님이 그를 위해 놀라운 일을 행하셨기 때문이다.

근원에서부터 두 아들의 차이점을 살펴보자. 이스마엘은 사람에 의한 사람의 자손이다. 이삭은 하나님의 약속에 의한 자손이다. 이스마엘은 아브라함의 육체의 아들이다. 이삭도 아브라함의 아들이지만, 하나님의 능력이 개입되었고 그 부모의 연약함 때문에 하나님이 약속으로 주신 선물이다.

참된 믿음은 믿는 행동이다. 참된 회개는 회개하는 사람의 행동이다. 그러나 믿음과 회개는 의심의 여지없이 분명하게 하나님의 역사라고 말할 수 있다. 이삭이 아브라함과 사라의 아들이지만 오히려 하나님의 선물이라고 할 수 있는 것처럼 말이다. 우리 주 하나님은 우리에게 믿으라고 명령하시고, 우리로 하여금 믿게 하실 수 있다. 우리가 기꺼이 행하는 모든 일은 하나님이 우리 안에 역사하시는 것이다. 그렇다. 그 일을 행하는 의지는 하나님의 역사하심이다. 본질적으로 사람의 마음에서 흘러넘치는 것이 아니라면 어떤 신앙도 가치가 없다. 그리고 그것은 분명히 그 사람 안에 거하시는 성령의 역사다.

오 친구여, 당신 안에 있는 것이 육체적인 것이라면, 오직 육체적인 것뿐이라면 그것은 당신을 구원하지 못할 것이다. 내적 사역은 초자연적이어야 한다. 내적 사역은 하나님으로 말미암은 것이며, 그렇지 않으면 언약의 복을 받지 못할 것이다. 이삭이 아브라함의 실제 아들이었던 것처럼 은혜로운 삶은 당신 것이다. 그러나 그보다는 오히려 하나님의 소유라고 해야 할 것이다. 구원은 여호와께 있기 때문이다(시 3:8). 우리는 위로부터 거듭나야 한다. 우리의 모든 종교적인 감정과 행동에 대해서 '하나님, 하나님이 우리 안에서 모든 일을 이루셨습니다'라고 고백할 수 있어야 한다.

03
두 종류의 인생

또한 아브라함의 씨가 다 그의 자녀가 아니라 오직 이삭
으로부터 난 자라야 네 씨라 불리리라 하셨으니 곧 육신
의 자녀가 하나님의 자녀가 아니요 오직 약속의 자녀가
씨로 여기심을 받느니라 약속의 말씀은 이것이니 명년
이 때에 내가 이르리니 사라에게 아들이 있으리라 하심
이라 _롬 9:7-9

이스마엘과 이삭은 근원부터 달랐다. 그래서 그들의
삶에서 드러난 본성에도 차이가 있었다. 이 본성은 그들
과의 약속에서 주로 드러났다. 인생은 출생에서 비롯된
다. 오직 자기 힘으로 자신을 만들어온 사람은 육적으로

얻을 것밖에 없다. 그러나 성령으로 새롭게 창조된 사람에게는 이런 표적이 있다.

> 너희는 하나님으로부터 나서 그리스도 예수 안에 있고
> 예수는 하나님으로부터 나와서 우리에게 지혜와 의로움
> 과 거룩함과 구원함이 되셨으니 기록된 바 자랑하는 자는
> 주 안에서 자랑하라 함과 같게 하려 함이라 _고전 1:30-31

새롭게 거듭난 사람 안에는 새로운 생명에서 비롯된 것이 있다. 하지만 육체적인 사람에게는 그런 것이 전혀 없다.

이스마엘에게는 아브라함의 육체적 특성과 함께 여종이었던 어머니의 특성이 있었다. 그는 아버지처럼 장대한 사람이었고, 족장의 귀족적인 태도를 물려받았다. 그러나 이삭은 아버지의 믿음을 물려받았고, 내적으로는 거룩한 영적 생활도 이어받았다. 약속의 상속자로서 이삭은 아버지 아브라함과 함께 머물렀지만, 이스마엘은 광야에 자신의 장막을 지었다. 이삭은 메소포타미아에서 오래된 부족들과 동맹을 추구했다. 하지만 하갈은 이

스마엘의 아내를 이집트에서 데려왔는데, 그녀가 이집트 출신이었기 때문에 이는 매우 자연스러운 일이었다. 비슷한 사람들끼리 모이기 마련이다.

이삭은 저녁 무렵에 들판에서 묵상을 했다. 성스러운 것들과 대화하기 위해서다. 그러나 이스마엘은 사람들과 다투었다. 그는 세상의 것을 마음에 두었기 때문이다. 묵상은 거친 사람의 것이 아니다. 거친 사람의 손은 모든 사람을 대적하고, 모든 사람의 손은 그를 대적한다. 이삭은 하나님께 자신을 희생 제물로 드렸다. 하지만 이스마엘에게는 그런 것을 전혀 찾아볼 수 없고 자기 희생이 없었다. 이스마엘은 하나님께 드리는 어린양이 아닌 살인자였다.

만약 당신이 영적으로 훈련을 받고, 가르침을 받고, 사람들이 말하는 것처럼 '경건'하다고 해도 마음이 새로워지지 않고 성령 충만을 받지 않았다면, 하나님의 자녀로서의 비밀은 없는 것이다. 그리스도인으로서 많은 외적 증거를 가지고 있을 수는 있다. 찬양하고, 기도하고, 성경 말씀을 인용하고, 다른 사람들에게 신비한 체험을 이야기할 수도 있다. 하지만 정말로 성도의 교제, 살아 계신 하나님과의 영적 교제 그리고 하나님이 받으실 만한 예배로 자신을 드리는 방법을 알기 위해서는 반드시 거듭나야 한다.

약속의 자녀는 하나님의 백성과 함께 거한다. 그리고 그들에게 속하는 것을 특권으로 생각한다. 아무도 보지 않고 또 아무도 보이지 않을 때, 보이지 않는 위대하신 하나님이 가까이 이끄셔서 자신과 대화하게 하실 때, 약속의 자녀는 자신이 최상의 무리 안에 속해 있다고 느낀다. 약속의 자녀만이 모리아산에 올라가서 제단 위에 누워 자신을 하나님께 드릴 수 있다. 이 말의 의미는 오직 성령으로 거듭난 사람만이 자신을 온전히 하나님께 드리고 자기 생명보다 하나님을 더 사랑하게 된다는 뜻이다. 당신의 본성과 행동은 당신의 근원에 따라 달라질 것이다. 따라서 나는 당신이 올바로 시작해서 천국의 자녀가 되기로 고백하고 정말 거듭난 상속자로 인정받기를 기도한다.

육체를 따라 여종의 아들로 태어난 이스마엘은 항상 종의 흔적을 지닐 수밖에 없다. 노예의 아들은 자유인으로 태어나지 않는다. 이스마엘은 자유 있는 여자의 아들인 이삭과 같지 않고 같을 수도 없다.

이제 주목해 보자. 나는 이스마엘이 이삭처럼 되고 싶어 했다고 말하지 않겠다. 이스마엘이 이삭과 달랐다고 해서 자신을 실패자라고 느꼈다고 말하지도 않겠다. 하지만 사실은 그렇다. 자신의 행위, 감정, 자기 부인으로 자기 구원을 위해 수고하는 사람은 교만해서 자기가 종의 몸인 것을 모를 수도 있다. 그는 자신이 자유롭게 태어났으며 누구에게도 구속받은 적이 없다고 자랑할지 모른다. 하지만 그는 평생 종으로 살아간다. 자유가 무슨 의미인지, 자족이 무슨 의미인지, 하나님 안에서의 기쁨이 무슨 의미인지 결코 알지 못한다. 사람들이 '믿음에 큰 담력'을 얻는다고 말할 때 이상하게 여길 것이다. 그는 사람들이 주제넘는다고 생각한다. 그는 채찍질 사이에서 숨 쉴 시간도 없다. 정말 많은 일을 하고 있지만, 훨씬 더 많은 일을 해야 한다. 많은 고통을 받고 있지만, 훨씬 더 많은 고통을 받아야 한다. 그는 '하나님의 백성에게 남아 있는 안식'에 결코 들어가지 못할 것이다. 그는 종인 여자에게서 태어났고 그의 영혼도 아직 종인 상태에 있기 때문이다.

그러나 자유 있는 여자에게서 태어난 사람은 구원이 처음부터 끝까지 하나님의 은혜임을, 하나님께서 은혜를 주시면 그 은혜를 돌이키지 않는다는 것을 안다. "하나님의 은사와 부르심에는 후회하심이 없기"(롬 11:29) 때문이다. 그리스도가 완성하신 일을 받아들이고, 자신이 사랑받는 자로 인정받았다는 것을 아는 사람은 하나님 안에서 안식하고 크게 기뻐할 수 있다. 그의 삶과 영혼은 기쁨과 평안으로 충만하다. 그는 자유자로 태어났으며 자유롭다. 정말 자유롭다.

당신은 하나님 자녀의 자유를 이해하는가, 아니면 아직도 심판을 두려워하고, 광야로 내쫓길 것을 두려워하며 율법 아래에서 종 된 상태로 있는가? 후자의 경우에 속한다면 약속을 받지 않은 사람이다. 약속을 받은 사람이라면 그런 일은 일어날 수 없다는 것을 잘 알 것이다. 기업은 약속의 자녀인 이삭에게 속한다. 그는 내쫓길지 모른다는 두려움 없이 영원히 거한다.

육체를 따라 이스마엘처럼 태어난 사람들, 즉 자기 능력과 힘을 위해 신앙을 가진 사람들은 이스마엘처럼 세상 것을 마음에 둔다. 믿음을 통해 약속에 의해 위로부터 태어난 사람들만 이삭처럼 하늘의 신령한 것을 마음에 둔다. 육체적이고 종교적인 사람들이 세상의 것을 어떻게 마음에 두는지 알아보자.

그는 예배 시간에 항상 같은 자리에 앉는다. 몸은 교회에 있지만, 머리는 온통 사업, 집, 농장 생각뿐이다. 그가 과연 하나님을 예배하는 것을 누리고 있을까? 전혀 그렇지 않다. 설교를 들을 때 그는 자기 영혼을 구원할 수 있는 그 말씀을 온유함으로 받아들일까? 전혀 그렇지 않다. 설교가 마치 정치적인 연설인 것처럼 말씀을 비판할 것이다. 그는 다른 사람들처럼 하나님의 사업에 헌금하지만, 자신의 양심을 달래고 자신에 대한 좋은 평판을 유지하기 위해서다. 그는 하나님의 영광에 관심 있을까? 전혀 그렇지 않다. 만약 관심이 있다면 돈 그 이상의 것을 드릴 것이다. 하나님 나라의 진보를 위해 진심 어린 기도를 해야 할 것이다. 그는 이 시대의 죄악 때문에 한숨짓고 울부짖을까? 그가 하나님께 돌아오지 않은 가족 때문에 홀로 하나님과 있으면서 고통스러워하며 자신의 마음을 쏟아놓는 모습을 본 적이 있는가? 죄인들이 회개할 때 그리스도의 나라가 다가온다고 크고 거룩하게 기뻐하는 모습을 본 적이 있는가? 그는 절대 그 수준에 이르지 못한다.

그에게 하나님의 모든 역사는 피상적이다. 그는 영적인 문제의 핵심과 중심에 들어간 적이 없다. 그렇게 할 수도 없다. 세상적인 마음은 종교적이라도 해도 여전히 하나님에 대해 적대적이고 하나님과 화해한 상태가 아니다. 사실 화해할 수도 없다. 사람 안에 영적인 마음이 창조되어야 한다. 영적인 것을 인식하고, 이해하고, 누릴 수 있기 전에 그리스도 예수 안에서 새로운 피조물이 되어야 한다.

시작했던 지점으로 돌아가 보자. "너는 거듭나야 하겠다." 우리는 성령으로 다시 태어나야 한다. 우리는 죄에 대해 죽음으로써만 받을 수 있는 영적 생명을 받아야 한다. 성령의 내적 생명을 갖기 전까지는 성령의 열매를 맺을 수 없다. 이스마엘은 이스마엘이고 이삭은 이삭이다. 그 사람의 본성대로 그의 행동도 그러할 것이다. 보이는 것과 이성, 인간의 능력을 의지하는 사람은 이스마엘처럼 최선을 다할 수도 있다. 그러나 약속의 자녀만이 이삭처럼 믿음생활을 하고 행동이 변하고 성숙할 것이다.

누군가는 이것을 '강경 노선'이라고 말한다. 강경 노선을 갖는 것, 그것도 매우 강하게 갖는 것은 큰 축복이다. 이것은 우리가 영원을 향해 올바른 길을 가고 있다는 뜻이기도 하다. 며칠 전에 누군가가 내 친구에게 이런 말을 했다.

"전에 스펄전 목사님의 설교를 들으러 간 적이 있습니다. 교회에 들어갔을 때 누군가 나에 관해 물었다면, 나는 뉴잉턴에서 가장 경건한 사람이고 분명히 교회의 지체로서 좋은 사람이라고 대답했을 것입니다. 그런데 그날 설교를 들으면서 이 모든 것이 뒤집혔습니다. 저는 크게 낙심한 채 교회를 나왔습니다. 내 자신이 이 세상에서 가장 가증스러운 죄인이었습니다. 그리고 다시는 절대로 스펄전 목사님의 설교를 듣지 않겠다고 말했습니다. 스펄전 목사님이 나를 완전히 망쳐 놓았기 때문입니다."

그는 계속해서 말했다.

"그러나 이 일은 그동안 저에게 있었던 일 중에 가장 좋은 일이었습니다. 저는 제 자신과 제가 할 수 있는 모든 일에서 벗어나 하나님과 그분의 전능하신 은혜를 맛보았습니다. 그리고 다시 창조주의 손 아래로 들어가야 하고, 그렇지 않으면 결코 기쁨으로 하나님의 얼굴을 볼 수 없다는 사실을 이해하게 되었습니다."

나는 이 책을 읽는 당신도 이 진리를 알게 되기를 소망한다. 이것은 엄숙한 진리다. 태초에 하나님이 아담을 만드셨던 것처럼 하나님은 우리를 다시 만드셔야 한다. 그렇지 않으면 우리는 하나님의 형상을 가질 수 없고 그분의 영광을 볼 수도 없다. 우리는 약속의 영향력 아래에 들어가서 그 약속을 따라 살아야 한다. 그렇지 않으면 올바른 삶의 원리로 인도받을 수 없고 올바른 목적으로 나아갈 수도 없다.

04
서로 다른 소망

이스마엘에 대하여는 내가 네 말을 들었나니 내가 그에게 복을 주어 그를 매우 크게 생육하고 번성하게 할지라 그가 열두 두령을 낳으리니 내가 그를 큰 나라가 되게 하려니와 내 언약은 내가 내년 이 시기에 사라가 네게 낳을 이삭과 세우리라 _창 17:20-21

이스마엘과 이삭처럼 출생과 본성이 크게 다른 두 사람이 전혀 다른 소망을 가진 것은 절대 놀라운 일이 아니다. 이삭에게 약속은 자기 존재의 북극성이었다. 하지만 이스마엘에게는 그런 빛이 떠오른 적이 없다. 이스마엘에게는 위대한 목적이 있었다. 그는 위대한 사람의 육체를 따라 태어난 아들이기 때문이다. 하지만 이삭은 좀 더 가치 있는 목적을 지향했다. 이삭은 약속의 아들이었고, 하나님이 아브라함과 맺으신 은혜의 언약을 받을 상속자였기 때문이다.

이스마엘은 높고 담대한 정신으로 절대 정복되지 않는 나라, 광야의 야생 나귀처럼 길들여지지 않는 민족을 세우고 싶었다. 그리고 그의 대부분의 소망은 이루어졌다. 아랍의 베두인족은 오늘날까지 위대한 조상의 모습 그대로 살아오고 있다. 이스마엘은 그의 인생에서 자신이 원했던 편협하고 세상적인 소망을 이루었다. 그러나 그리스도의 날을 보고 영광스러운 소망을 가지고 죽은 사람들의 명부에 그의 이름은 기록되지 않았다. 반면에 이삭은 멀리 그리스도의 날까지 바라보았다. 이삭은 하나님이 건축자와 창조자가 되신 기초 위에 세워진 도시를 바라보았다.

《천로역정》에 나오는 '열정Passion'처럼 이스마엘은 이 세상에서 최선을 다했다. 하지만 이삭은 '인내Patience'처럼 미래를 위해 최상의 것을 기다렸다. 이삭의 보물은 장막과 들판에 있지 않았고, '아직 보이지 않는 일'(히 11:7)

에 있었다. 이삭은 위대한 약속을 받았고, 느바욧의 모든 양떼가 줄 수 있는 유익보다 더 큰 부요함이 그 약속에 있음을 알았다. 약속의 샛별이 그의 눈에서 빛났고, 약속된 시간이 온전히 다 채워지면 최고의 복을 받을 것이라고 기대했다. 이삭이 현재 생각하고 기대하는 바를 정하는 데는 약속이 작용했다.

당신도 그러한가? 당신은 영원한 생명의 약속을 받았고 붙잡고 있는가? 그래서 아직 보이지 않는 것에 소망을 두고 있는가? 하나님의 신실하심을 믿는 사람들만 볼 수 있는 것을 보고 있는가? 보이지 않는 영원한 것에 대한 믿음을 위해 정욕적으로 생각하는 습관을 버렸는가?

분명히 약속을 받고 약속으로 인한 소망을 누리는 것은 이삭의 마음과 기질에 영향을 주었다. 이삭은 온화한 마음을 가졌다. 이삭에게는 전쟁과 다툼이 없었다. 그는 현재를 양보하고 미래를 기대했다. 이삭은 자신이 약속에 의해 태어났기 때문에 하나님이 그를 축복하시고 자신에게 주신 약속을 이루어 주실 것을 알았다. 그래서 아브라함과 함께 머물렀고, 외부 세계에 초연할 수 있었다. 그는 하나님의 복을 조용히 바라보고 인내하면서 기다렸다. 그의 눈은 미래와 앞으로 임할 위대한 나라, 약속의 땅 그리고 온 땅의 모든 민족이 그로 말미암아 복을 받게 될 영광스러운 약속의 후손을 바라보고 있었다. 이 모든 것에 대해 약속을 주신 하나님이 그 약속의 성취를 보여 주실 것이라고 현명하게 판단한 이삭은 오직 하나님만을 바라보았다.

그리고 이삭은 이 믿음 때문에 능동적이었다. 이스마엘에게 분명히 드러났던 교만한 자기 의존이 이삭에게는 전혀 보이지 않았다. 이삭은 침착하게 하나님에 대한 확신을 가지고 하나님의 최고 의지에 조용하게 복종하면서 자기만의 방법대로 열정적이었다. 해를 거듭하면서 독립된 생활을 유지했고, 인근 이방인들이 위협할 때도 무장하지 않고 용감하게 맞섰다. 이스마엘은 창과 활로 위협에 대항했지만, 이삭은 "나의 기름 부은 자를 손대지 말며 나의 선지자들을 해하지 말라"(시 105:15)고 말씀하시는 분을 신뢰했다. 평화의 사람 이삭은 호전적인 이스마엘만큼 안전하게 살았다. 가나안 사람들이 여전히 그 땅에 거하고 있음에도 불구하고 약속에 대한 믿음 때문에 이삭은 안전에 대한 소망을 가졌고 정말로 안전하게 살았다.

따라서 약속은 우리 안에서 영혼을 고양시키고, 보이는 상황 너머에 있는 삶을 보게 하고, 평안하고, 천국에서와 같은 기분을 느끼게 함으로써 우리의 현재 삶에 작용한다. 이삭은 하나님 안에서 자신의 활과 창을 발견했다. 여호와 하나님은 이삭의 방패이며 크고 위대한 상급이시다. 단 한 평의 자기 소유의 땅도 없이, 하나님이 그에게 약속으로 주신 땅에서 이방인으로 살면서 이삭은 약속을 의지하는 삶에 만족했고, 앞으로 부요하게 될 것을 소망하며 기쁨으로 살았다. 위대한 순례자인 조상들처럼 낯설고 초자연적인 삶을 살면서도, 탁월하고 조용하고 침착한 이삭의 영성은 변함없는 하나님의 약속에 대한 단순한 믿음에서 비롯된 것이다.

하나님의 약속으로 불붙은 소망은 그 사람의 생각, 생활양식, 감정에 작용하여 인생 전체에 영향을 미친다. 이것은 도덕적으로 행동하는 것보다 덜 중요한 것처럼 보일 수도 있다. 하지만 그 자체로도 중요하고, 마음과 생각과 삶에 영향을 준다는 의미에서 중요하다. 한 사람의 비밀스러운 소망은 어느 한 날의 행동이나 한 해의 공식적인 헌신보다도 하나님 앞에서 그의 상태를 알 수 있는 참된 시험이 된다. 이삭은 나이 들고 눈이 안 보일 때까지 조용하고 거룩한 삶의 방식을 추구했다. 그리고 하나님을 신뢰하면서 조용히 눈을 감았다. 하나님은 이삭에게 자신을 보여 주셨고, 그를 자기의 친구라고 불러주시면서 "이 땅에 거류하면 내가 너와 함께 있어 네게 복을 주고 (……) 네 자손으로 말미암아 천하 만민이 복을 받으리라"(창 26:3-4)고 말씀하셨다.

그 사람의 소망이 어떠한 것같이 그 사람도 그러하다. 그의 소망이 하나님의 약속에 있다면 하나님의 약속도 그와 함께 있고, 그와 함께 있어야 한다.

당신의 소망은 무엇인가? 어떤 사람은 이렇게 말한다.

"글쎄요. 저는 제 친척이 죽기만을 기다리고 있습니다. 그러면 저는 부자가 될 것입니다. 굉장한 유산을 상속받거든요."

어떤 사람은 꾸준히 성장하는 사업에 소망을 둔다. 어떤 사람은 유망한 투자에 많은 것을 기대한다. 죽을 운명의 세상에서 이루어질 수 있는 소망은 헛수고일 뿐이다. 무덤 너머를 바라보지 않는 소망은 흐릿한 창문과 같다.

우리는 그 너머를 보아야 한다. 약속을 믿고 정해진 때에 그 약속이 이루어질 것을 확신하고, 무한한 지혜와 사랑의 손에 모든 것을 맡기는 사람은 복이 있다. 이러한 소망은 시련을 극복하고 유혹을 이기고 이 땅에서 천국을 누릴 것이다.

그리스도가 십자가에서 죽으셨을 때 우리의 소망이 시작되었다. 그리스도가 부활하셨을 때 그 소망은 확증되었다. 그리스도가 하늘로 올라가셨을 때 그 소망은 이루어지기 시작했다. 그리스도가 재림하실 때 그 소망은 실현될 것이다. 이 세상에서 우리는 순례자의 삶을 살고 원수의 목전에서 상을 받게 될 것이다. 그리고 다가올 세상에서 젖과 꿀이 흐르는 땅, 평화와 기쁨의 땅을 소유하게 될 것이다. 그곳은 더이상 태양이 지지 않으며 달도 지지 않을 것이다. 그때까지 소망을 갖자. 그리고 하나님의 약속에 우리의 소망을 두자.

05
약속에 따르는 박해

형제들아 너희는 이삭과 같이 약속의 자녀라 그러나 그
때에 육체를 따라 난 자가 성령을 따라 난 자를 박해한
것 같이 이제도 그러하도다 _갈 4:28-29

이스마엘과 이삭처럼 형제가 서로 완전히 다를 때 헤
어지고 좋지 않은 감정을 갖는 것은 이상한 일이 아니다.
이스마엘은 이삭보다 나이가 많았다. 이삭이 젖을 뗄 때
가 되었을 때 이삭의 어머니 사라는 베두인 여자의 아들
이 자기 아들 이삭을 희롱하는 것을 보았다. 이렇게 일찍
부터 출생과 환경의 차이가 드러나기 시작했다. 이것은
우리가 하나님이 주신 생명을 가질 때, 그리고 약속을 따

라 상속자가 될 때, 어떤 일을 예상할 수 있는지를 보여 준다. 율법의 굴레에 있는 사람들은 복음으로 자유하게 태어난 사람들을 사랑하지 못한다. 그리고 어떤 방법으로든 자신의 적대감을 드러낸다.

우리는 지금 악한 세상과 교회 사이의 적대감이 아니라, 정욕적으로 종교를 가진 사람들과 하나님으로 말미암아 태어난 사람들 사이에 존재하는 적대감을 말하고 있다. 우리는 이삭을 대적하는 블레셋 족속이 아닌, 이삭을 희롱하고 있는 그의 형 이스마엘에 관해 얘기하고 있다. 위로부터 거듭나고 신령과 진리로 하나님을 예배하는 사람들이 받는 가장 뼈아픈 반대는, 겉으로만 종교적인 사람들이 반대하는 경우다. 많은 하나님의 귀한 자녀들이, 그들의 형제라고 고백하는 사람들이 가진 극악한 증오 때문에 가혹한 고통을 받는다.

이스마엘의 동기는 아마 질투였을 것이다. 이스마엘은 어린아이가 자기보다 우월한 것을 견딜 수 없었을 것이다. 이스마엘은 이렇게 말했을 것이다.

"이 아이는 상속자야. 그래서 나는 그가 미워."

아마도 그는 이삭의 상속권을 비웃고, 약속의 자녀가

받을 수 있는 재산에 대해 자기에게도 똑같은 권리가 있다고 큰소리쳤을 것이다. 단지 허울뿐인 종교인들은 참된 성도를 질투하고 하나님의 은혜로 구원받기를 원하는 사람들의 가장 좋은 모습과 자기 모습이 거의 비슷하다고 생각한다. 하지만 그들은 하나님의 은혜를 바라지 않는다. 그러면서도 심술쟁이처럼 다른 사람들이 은혜받는 것은 참지 못한다. 그들은 성도들이 가진 소망, 마음의 평화, 하나님의 은혜를 누리는 것을 질투한다. 당신이 그들의 그런 모습을 본다면 조금도 놀라지 마라.

이스마엘의 질투는 동생이 젖을 떼고 큰 잔치가 베풀어졌을 때 두드러지게 나타났다. 잃은 아들을 되찾는 아버지 비유에 나오는 형처럼 형식주의자들은 아버지가 사랑하는 자녀와의 관계로 인해 기뻐할 때 대부분 크게 화를 내고 참지 못한다. 진짜 가족인 사람들이 음악과 춤을 즐기는 모습을 보는 것은 미천하게 태어난 교만한 사람들에게는 몸서리치게 싫은 일이다. 온전한 확신이 의심을 떼어 버리고 거룩한 기쁨이 세상을 떼어 버릴 때, 세속적인 종교주의자들은 경건한 사람들을 비웃고 그들을 미쳤다거나 광신적이라고 말하면서 빈정거린다.

"가엾은 바보들! 저 사람들을 그냥 내버려둬. 그들은 정말 착각에 빠진 사람들이야."

진실로 거듭나지 않은 종교적인 사람들은 자신의 공로로 구원받기 위해 노력하고 그렇게 되기를 희망하며 약속으로 태어난 사람들에게 깊은 증오심을 드러낸다.

그리고 그들은 성도의 연약함을 비웃는다. 아마도 이스마엘은 이삭을 이제 막 젖 뗀 아기로 불렀을 것이다. 자신을 강하다고 생각하는 사람들은 연약한 성도들을 쉽게 비웃기도 한다. 이삭은 자신이 연약하다는 것을 부인할 수 없었다. 마찬가지로 성도들도 자신에게 약점이 있고 책망받을 만한 결점이 있는 사람들임을 쉽게 부인하지 못한다. 하지만 정의가 허용하는 범위 안에 있는 약점인데도 세상은 그 약점을 이용하려 하고, 다른 사람들이 가졌다면 지나쳐 버릴 약점도 성도들에게 있으면 비웃는다. 우리의 하찮음과 불완전함 때문에 자기를 의롭다고 여기는 교만한 바리새인들이 우리와 우리의 복음을 비웃을지라도 그것을 이상하게 생각하지 말아야 한다.

성도의 자격 때문에 비웃음당하는 일도 자주 있다. 이삭은 '상속자'로 불렸고, 이스마엘은 그 말을 참을 수 없었다. 율법주의자들은 이렇게 말한다.

"봐, 저 사람은 얼마 전까지만 해도 유명한 죄인이었어. 그런데 지금은 예수 그리스도를 믿는다고 말해. 자신은 구원받았고, 용서받았고, 또 천국을 확신한다고 말하고 있어. 저렇게 뻔뻔스러운 말을 들어본 적 있어?"

갇혀 있는 사람은 자유로운 사람을 미워한다. 자신의 공로를 믿고 하나님의 은혜를 거절하는 교만한 사람은 은혜로 구원받은 것을 기뻐하는 사람에게 분노한다.

아마도 나이 많은 부모에게서 태어난 어린 이삭이 혼혈 이집트인에게는 이상하고 낯설게 보였을 것이다. 위로부터 난 사람은 주변 사람들에게 이방인처럼 보이기도 한다. 하나님의 약속을 따라 믿음으로 사는 일은 이 세상에서 가장 합당하고 자연스러운 일로 여겨져야 한다. 하지만 실상은 그렇지 않다. 세상은 하나님을 믿고 믿음에 따라 행동하는 사람을 이상하게 생각한다. 거리의 불량한 청소년들은 이방인을 향해 야유하고, 세상에 속한 사람들은 참된 성도의 거룩한 영혼과 행동을 조롱한다. 우리에게 이것은 영원한 증거가 된다. 우리 주님이 "너희가 세상에 속하였으면 세상이 자기의 것을 사랑할 것이나 너희는 세상에 속한 자가 아니요 도리어 내가 너희를 세상에서 택하였기 때문에 세상이 너희를 미워하느니라"(요 15:19)고 말씀하셨기 때문이다.

수많은 방법으로, 그중 많은 것이 언급할 가치가 없을 정도로 비열하지만, 성도는 '잔인한 조롱의 시련'을 극복할 수 있고, 또 그렇게 할 수 있도록 준비되어야 한다. 사실 지금의 박해는 아주 작은 일에 불과하다. 스미스필드 Smithfield(그리스도인을 화형에 처한 곳_옮긴이)의 불은 꺼졌고, 롤라드 탑 Lollard's Tower(런던에 있는 감옥으로 많은 그리스도인이 고문받았다_옮긴이)에는 죄수들이 없다. 엄지손가락 죄는 틀(고문 도구_옮긴이)도 더이상 사용되지 않는다.

형제들이여, 용기를 내라! 당신이 조롱받는다고 뼈가 부러지지는 않을 것이다. 멸시를 무시할 만큼 용감하다면 잠도 편안히 잘 수 있을 것이다.

이스마엘이 이삭을 조롱한 것은 여자의 후손과 뱀의 후손 간에 적대감이 존재한다는 수만 가지 증거 가운데 하나일 뿐이다. 아브라함의 가정 안에 이 두 가지가 함께 존재한 것은 아브라함이 이집트에 내려가서 바로 앞에서 불신자처럼 행동한 일에서 비롯되었다. 그때 사라가 이집트의 여종을 받았고, 장막 안에 악한 요소가 들어왔다. 불행하게도 사라는 여종을 남편에게 주었고, 그 이후 많은 눈물을 흘리게 된다.

거듭나지 않은 사람은 하나님의 교회에 들어와도 그 본성이 바뀌지 않는다. 아브라함의 장막 안에 거해도 이스마엘은 여전히 이스마엘이다. 오늘날 하나님의 진리에 대한 가장 강력한 대적은 공동체 안에 있는 이방인들이다. 이들은 건전한 복음적 가르침을 믿는 성도들을 성경적 교리의 근거 위에 세워진 교회 안에서 이방인처럼 보이게 만드는 사람들이다. 그들은 우리 소유의 땅에서 우리를 이방인으로 만든다. 그들은 모든 이단에는 관대하지만, 은혜의 원리를 믿는 사람들을 구식이고 편견에 사로잡힌, 즉 열심히 무덤을 찾아 자신을 묻어야 하는 시대에 뒤떨어진 사람이라고 비웃는다.

그러나 하나님을 신뢰하고 하나님의 언약을 믿는 사람은 모든 비웃음을 극복할 수 있다. 이집트의 모든 보화보다 그리스도의 책망을 더 큰 재산으로 생각하기 때문이다. 하나님을 믿는 것은 결코 부끄러운 일이 아니다. 신실하고 참되신 하나님을 믿는 선한 사람들에게는 영광스

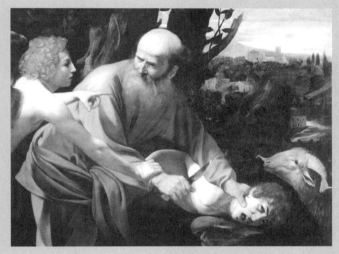

카라바조, 〈이삭의 희생〉
1603년경, 캔버스에 유채, 104×135cm, 우피치 미술관, 피렌체

러운 것이다. 그로 인해 고난을 받아야 한다면 성도들은 기쁨으로 감당할 것이다. 따라서 믿음을 가지고 하나님의 약속대로 살아가는 방법을 은혜로 배우고 있는 형제 자매들이여, 거룩한 용기로 자신을 무장하라. 가정의 머리가 되시는 그리스도가 사람들에게 멸시받고 거절당하지 않았던가? 맏아들 되시는 그리스도를 남은 자들이 따라가야 하지 않겠는가? 우리가 그리스도의 고난에 참여한다면 그리스도의 영광에도 참여하게 될 것이다. 그러므로 모든 것의 상속자가 되시는 십자가에서 죽으신 그리스도의 편에 서자.

06

헤어짐

> 그러나 성경이 무엇을 말하느냐 여종과 그 아들을 내쫓
> 으라 여종의 아들이 자유 있는 여자의 아들과 더불어 유
> 업을 얻지 못하리라 하였느니라 _갈 4:30

이삭과 이스마엘은 한동안 함께 살았다. 자신을 믿는
사람들과 약속을 믿는 사람들이 수년 동안 한 교회의 구
성원일 수 있다. 하지만 그들은 화합하지 못하고 함께는
행복할 수 없다. 그들의 원칙이 본질적으로 서로 대립하
기 때문이다. 믿음의 사람들이 은혜 안에서 성장하고 영
적인 어른이 되어 가면서 율법주의자와는 점점 더 불화
하게 될 것이다. 궁극적으로 두 부류의 사람들 간에는 교

제가 이루어지지 않는다. 그들은 결별해야 하는데 이것
이 바로 이스마엘 족속에게 이루어질 말씀이다.

여종과 그 아들을 내쫓으라 여종의 아들이 자유 있는 여
자의 아들과 더불어 유업을 얻지 못하리라.

헤어짐은 고통스럽지만 하나님의 뜻에 의한 불가피한
일이다. 기름과 물은 섞이지 않는다. 이처럼 육체를 따라
난 사람의 신앙은 약속으로 말미암아 태어나고 약속에
의해 살아온 사람의 신앙과 화합하지 못한다. 그들의 결
별은 항상 존재하고 있던 심각한 차이점이 외적으로 나
타난 결과일 뿐이다.

이스마엘은 내쫓겼지만 그는 분하다고 생각하지 않았
다. 광야의 부족들과 함께 더 큰 자유를 누리게 되었기
때문이다. 그리고 이스마엘은 그들 중에서 큰 자가 되었
다. 그는 매우 번성했고, 여러 방백의 아버지가 되었다.
그는 넓은 세상에서 자기에게 맞는 곳에 거했다. 그는 큰
부족들 사이에서 명성과 영예를 얻었다. 때때로 세속적
이고 종교적인 사람이 뛰어난 기질과 능력을 소유한 경

우가 있다. 그리고 돋보이고 싶은 욕구가 있어서 세상에서 인정받고 유명해진다. 세상은 세상적인 사람을 사랑하게 되어 있다. 야심에 찬 종교주의자는 대부분 첫 친구들을 버린다. 그리고 공개적으로 선언한다.

"저는 옛 종교 형식을 버렸습니다. 제가 가난했을 때는 모든 성도가 좋았습니다. 하지만 이제 저는 부자가 되었고 좀 더 세련된 사람들과 어울려야 합니다."

그는 정말 그렇게 행하고 보상을 받는다. 이스마엘은 현세에 자신의 분깃을 가졌다. 그러나 천국의 언약과 천국의 신비스러운 축복에 참여하고 싶은 소원은 전혀 없었다. 이 책을 읽는 독자 중에 하나님의 교회보다 세상에서 더 자유롭고 편안함을 느낀다면 분명히 세상에 속한 사람이다. 그리고 자신을 속이지 않게 하라. 그 사람의 마음이 어떠한 대로 그는 그런 사람이다. 아무리 일을 열심히 해도 이스마엘을 이삭으로 바꾸거나, 세상적인 사람을 천국의 후사로 바꾸지는 못한다.

외적으로 볼 때, 현세에서 약속의 후사인 사람들은 세상에서 가장 좋은 것을 가진 사람으로 보이지 않는다. 그들은 실제로 그런 것을 기대하지도 않는다. 미래에 기업을 받기로 선택한 사람은 현재의 고난을 받아들이기로 이미 결정했기 때문이다.

이삭은 이스마엘이 전혀 알지 못한 고통을 겪었다. 이삭은 조롱받았고 끝내는 번제단 위에 눕혀졌다. 그러나 이스마엘에게는 그런 일이 전혀 없었다. 이삭과 같은 약속의 자녀들은 이 세상에서 상속자인 사람들의 운명이 자기보다 쉬워 보인다고 해서 그들을 부러워하면 안 된다. 그리고 그런 유혹을 받기도 한다. 시편 기자가 악인의 형통함 때문에 슬퍼하면서 그랬던 것처럼 말이다. 이런 초조함에는 영적인 선택을 할 때 뒷걸음치려는 마음이 있다. 우리는 현재보다는 앞으로 올 세상에서 우리의 분깃을 받는 것에 동의하지 않았던가. 이 약속을 후회하는가. 더구나 정말 불쌍하게 여겨야 할 사람들을 질투하는 것은 얼마나 어리석은 일인가. 약속을 잃으면 모든 것을 잃는 것이다. 그리고 스스로를 의롭다 여기는 사람은 그 약속을 잃어버린 것이다.

세속적이고 허울뿐인 종교인들은 영적인 빛이나 생명이 없으며 그런 것을 바라지도 않는다. 어둠 속에 있으면서도 그 사실을 모르는 것은 얼마나 불행한 일인가. 그들은 사람들에게 존경받고 자기 양심을 위로할 수 있는 신앙을 가지고 있다. 하지만 하나님 보시기에 가증스럽다면 그것은 유감스러운 신앙일 뿐이다. 그들은 내적 싸움이나 갈등을 전혀 느끼지 못한다. 새로운 자아와 옛 자아가 서로 갈등하지 않는다. 그래서 종말이 올 때까지 아무것도 알지 못한 채 의기양양하게 인생을 살아간다. 이런 상황에 빠진 것은 얼마나 비참한 일인가. 다시 말하지만 그들을 부러워하지 마라. 큰 권력과 제멋대로의 자유를 가진 이스마엘의 삶보다 희생해야 했던 이삭의 삶이 훨씬 더 축복이다. 모든 세상적인 사람들의 위대함은 곧 끝나고 그 후에는 아무것도 남지 않을 것이다. 그리고 영원한 세상에서의 삶은 훨씬 더 비참할 것이다.

하지만 참된 성도들이 불행할 것이라고 생각하지 마라. 우리가 이 세상에서 소망만 가지고 있다면 우리는 정말 불행할 것이다. 하지만 약속은 우리의 모든 삶을 밝혀 주고 참된 복을 받게 한다. 믿음으로 바라보는 하나님의 미소는 우리에게 충만한 기쁨을 준다. 믿음의 사람들의 삶을 가능한 한 가장 불행한 상황에 놓아 보라. 가장 어두운 색으로 그려 보라. 편안함을 위한 물건뿐만 아니라

생활필수품까지 다 빼앗아 보라. 그리할지라도 최악의 상황에 있는 그리스도인이 최상의 상황에 있는 세상 사람들보다 훨씬 낫다.

이스마엘에게 온 세상을 다 주어도, 그에게 밤하늘의 별처럼 많은 나라를 다 주어도 우리는 이스마엘을 부러워하지 않을 것이다. 믿음의 조상들이 그랬던 것처럼 우리의 십자가를 지고 이 땅에서 하나님과 함께 이방인과 객이 되는 것은 여전히 우리의 몫이다. 다른 사람들에게는 그 약속이 멀리 있는 것처럼 보여도 우리는 믿음으로 그 약속을 깨닫고 기꺼이 받아들이고, 믿음 안에서 이곳에 있는 천국을 발견할 것이다. 우리는 하나님과 함께, 하나님 백성과 함께 거하는 것을 세상의 자녀들이 가장 위대하고 대단한 명예를 얻는 것보다 훨씬 더 나은 운명으로 받아들인다. 우리 주님이 다시 오실 것을 기대하고 주님과의 교제를 통한 영원한 영광을 기대하면 그분의 나타나심을 기다리는 동안 우리는 만족감으로 충만할 것이다.

애석하게도 세상에서 사람들은 죽음 앞에서 갈라지게 될 것이다. 여종의 아들은 정해진 때에 영원히 내쫓길 것이다. 자기 행위로 구원을 주장하거나 자기 능력으로 구원을 얻었다고 자랑하는 사람은 결코 천국에 들어갈 수 없다. 영광은 은혜로 구원받은 사람들을 위한 것이다. 그리고 자신을 믿는 사람은 그곳에 들어갈 수 없다. 자신의 의로움을 세우기 위해 열심히 수고하고 그리스도의 의에 복종하지 않는 사람은 내쫓길 것이고, 이것은 정말 무서운 일이다. 예수님의 보혈로 인한 용서를 기꺼이 받아들인 겸손한 사람들을 세상 사람들이 얼마나 부러워하겠는가. 하나님 아들의 의로움보다 자신의 의로움을 더 좋아해서 하나님의 선물을 무시했던 어리석음과 악함을 그들은 어떻게 깨닫게 될까?

이스마엘과 이삭으로 표현될 수 있는 사람들이 결국 결별하는 것처럼 그들이 의지하는 원리도 결코 섞일 수 없다. 그 원리는 일치될 수 없기 때문이다. 일부는 자신의 힘으로, 다른 일부는 하나님의 은혜로 구원받는 일은 있을 수 없다. 노력해서 구원을 얻으려는 원리와 개념은 마음속에서 추방해야 한다. 어떤 수준이든, 어떤 모양이든 그런 생각은 '내쫓아야' 한다. 일부는 은혜에 의지하고, 다른 일부는 자신의 공로에 의지하는 지혜롭지 못한 사람은 한 발은 바위 위에, 다른 발은 바다에 걸치고 있는 사람과 같아서 분명히 바다에 빠지게 되어 있다.

구원의 역사 또는 구원의 영광을 나누는 일은 있을 수 없다. 전부 은혜에 의한 것이거나, 전부 행위에 의한 것이거나, 전부 하나님에 의한 것이거나, 전부 인간에 의한 것이어야 한다. 반은 이쪽에, 나머지 반은 다른 쪽에 있을 수 없다. 불과 물처럼 대립하는 이 두 가지를 합치려는 헛된 노력은 그만하기를 바란다.

약속이, 오직 약속만이 우리 소망의 기초가 되어야 한다. 그리고 모든 율법적인 개념은 은혜로 인한 구원과 화해할 수 없기 때문에 그런 생각은 단호하게 버려야 한다. 영으로 시작해서 육체로 완성되기를 기대해서는 안 된다. 우리의 신앙은 한 가지로만 되어 있어야 한다. 여러 가지 씨를 섞어서 심거나, 리넨과 울이 섞인 옷을 입는 것은 주님이 살던 시대에는 금지되었다. 그리고 자비와 공로, 은혜와 죄를 혼합하는 것은 불법이다. 공로나 느낌 혹은 의식으로 구원받는다는 생각이 들어올 때마다, 우리는 지체 없이 그 생각을 내쫓아야 한다. 이스마엘이 아브라함에게 사랑스러웠던 것처럼 그 생각이 우리에게 좋게 느껴질지라도 말이다. 믿음은 보는 것이 아니다. 영은 육체가 아니다. 은혜는 공로가 아니다. 그 차이를 잊어서는 안 된다. 그렇지 않으면 중대한 과오를 범하게 되고, 오직 약속을 따라 상속자가 받게 될 기업을 놓치게 될 것이다.

이것이 우리 믿음의 고백이다.

사람이 의롭게 되는 것은 율법의 행위로 말미암음이 아니요 오직 예수 그리스도를 믿음으로 말미암는 줄 알므로 우리도 그리스도 예수를 믿나니 이는 우리가 율법의 행위로써가 아니고 그리스도를 믿음으로써 의롭다 함을 얻으려 함이라 율법의 행위로써는 의롭다 함을 얻을 육체가 없느니라 _갈 2:16

구원의 방법과 관련해서 명확한 구분선이 여기 또 있다. 우리는 이 말씀을 분명하고 명쾌하게 지켜야 한다.

그런즉 이와 같이 지금도 은혜로 택하심을 따라 남은 자가 있느니라 만일 은혜로 된 것이면 행위로 말미암지 않음이

니 그렇지 않으면 은혜가 은혜 되지 못하느니라 _롬 11:5-6

당신은 이것을 알겠는가?

07
약속은 누구의 것인가

　　하나님은 그분의 피조물에 대해 정말 정의롭고 선하시다. 그분의 성품이 그러하다. 하지만 그렇다고 해서 하나님의 정의로움이나 선하심 안에, 하나님을 반역한 사람들에게 하나님이 은혜의 약속을 주셔야 한다는 당위성은 없다. 인간은 자신이 가지고 있다고 생각할 수 있는, 창조주에 대해 주장할 수 있는 모든 모양의 권리를 박탈당했다. 인간이 순종하기로 되어 있던 순결하고 거룩한 율법을 어겼기 때문이다. 이제 인간에게는 죄에 대한 벌을 받을 일밖에 없다. 하나님이 엄격한 정의에 근거하여 인간을 상대해야 한다면, 인간에게 유죄 판결을 내리고 벌을 주셔야 한다. 죄를 범한 피조물에게 은혜를 베푸는 일이라면 그것이 어떤 것이든 하나님의 무조건적인 자비와 주권적인 선하심에서 비롯된 것이다. 가장 높으신 하나님의 선한 의지와 기쁨에서 자발적으로 생겨난 것이다. 은혜의 약속은 하나님의 무한한 사랑, 오직 그 사랑에서만 흘러나온다. 다른 근원에서는 흘러나올 수가 없다. 축복의 약속을 받을 만한 자연적인 권리를 가진 사람은 아무도 없다. 또한 세상도 이 약속을 받을 만한 자격이 없다. 하나님은 오직 그분 안에 있는 사랑에서 비롯되는, 그분 자신의 자유의지와 선한 기쁨 때문에 인간과 약속을 맺으셨다.

시간이 흐르면서 하나님은 살아 있는 믿음을 가진 사람들을 선택하셔서 그들과 약속을 맺기로 하셨다. 하나님이 선택하신 사람들은 예수 그리스도에 대한 믿음으로 구원받고 하나님을 선택하도록 성령의 인도하심을 받는다. 선택받은 사람들은 분별할 수 있는 나이가 되어 예수님에 대한 믿음을 갖게 된다. 그리고 예수님에 대한 믿음을 가진 사람들은 의심 없이 자신이 약속받은 선택된 사람이라는 인식을 할 수 있다. 불신앙 속에서 살다가 죽은 사람들에게는 하나님의 절대적이고 개인적인 약속이 없다. 그들은 은혜가 아닌 율법 아래에 있다. 그들에게는 약속이 아닌 경고가 주어진다. 이런 사람들은 은혜의 약속보다는 다른 해결 방법을 더 좋아한다. 그리고 결국에는 그 어리석음의 결과로 멸망할 것이다.

하나님께서 선택하신 사람들은 더이상 자신과 공로를 자랑하지 않는다. 그들은 믿음의 길을 선택하고 그 결과 영혼의 안식을 발견한다. 하나님의 말씀을 믿는 것, 그리고 구세주를 보내신 하나님을 신뢰하는 것은 사소한 일로 보일 수 있다. 그러나 그것은 선택의 증거이고, 거듭남의 표시이고 다가올 영광의 증표다. 인간의 영원한 문제를 하나님의 약속에 맡겨도 될 만큼 하나님이 참되다고 믿는 것은 하나님과 화해한 마음, 그리고 온전한 거룩함이 싹트기 시작한 영혼이라는 증거다.

우리는 하나님이 그리스도 예수로 나타나셨다고 믿을 때 하나님의 모든 약속도 믿는다. 한 인격을 신뢰할 때 그가 하는 모든 말을 신뢰하는 것도 포함된다. 그렇기 때문에 우리는 하나님의 모든 약속을 확실하고 분명한 것으로 인정한다. 어떤 약속은 믿고 어떤 약속은 의심하는 일을 하지 않는다. 각각의 약속을 참된 것으로 생각하고,

그 약속이 우리의 조건과 상황을 존중하는 한 우리에게 참되다고 믿는다. 우리는 일반적인 주장에서 구체적인 적용으로 논증한다. 하나님을 믿는 사람을 구원하신다고 말씀하신 하나님은, 내가 하나님을 믿기 때문에 나를 구원하실 것이다. 그리고 믿는 자에게 주기로 약속하신 모든 복을 믿는 자인 나에게 주실 것이다. 그로 인해 우리는 믿음으로 말미암아 살아가고 위로받음으로써 그 믿음을 입증할 것이다. 내가 무엇을 받을 만한 자격이 있어서가 아니라, 하나님이 그리스도 예수 안에서 은혜로 나에게 약속해 주셨기 때문이다. 그래서 나는 무엇인가를 받는다. 이것이 우리 소망의 이유이며 근거다.

언뜻 생각하기에 왜 모든 사람이 하나님을 믿지 않는지 의아하게 생각하는 사람도 있다. 하나님이 선택하셨다는 이 증표가 보편적으로 존재하는 것처럼 보인다. 하나님은 거짓말을 하실 수 없고, 하나님이 변하셨거나 자신의 약속을 지키실 수 없다고 의심할 만한 이유가 전혀 없기 때문이다. 그러나 거짓된 것은 사람의 마음이다. 사람들은 창조주 하나님을 의심한다. 사람들은 하나님을 싫어하고, 하나님을 믿지 않는다. 진리, 그 자체이신 분을 감히 거짓말하는 자로 만드는 것은, 인간이 하나님께 본디 적대감을 가지고 있음을 증명하는 가장 확실한 증거다.

> 하나님의 아들을 믿는 자는 자기 안에 증거가 있고 하나님을 믿지 아니하는 자는 하나님을 거짓말하는 자로 만드나니 이는 하나님께서 그 아들에 대하여 증언하신 증거를 믿지 아니하였음이라 _요일 5:10

살아 계신 하나님을 실제로 그리고 참되게 신뢰하는 것은, 쉬워 보이는 일임에도 불구하고 거듭나지 않은 마음으로는 절대로 행할 수 없는 덕목이다. 성육신하신 하나님의 아들에 의해 이루어진 영광스러운 속죄는 모든 인류가 믿을 만한 가치가 있다. 사람들은 모든 죄인이 깨끗하게 하는 샘물로 즉시 씻고, 주저하지 않고 거룩하신 구원자를 믿을 것이라고 생각할지도 모른다. 하지만 사실은 절대 그렇지 않다. 사람들은 생명을 얻을 수 있는 그리스도에게 나오지 않을 것이다. 그들은 예수님의 십자가 희생보다는 다른 것을 더 의지할 것이다. 성령께서 그 사람에게 역사하지 않으면, 죄를 버릴 수 있도록 하나님이 제시하고 인정해 주신 그 위대한 십자가의 희생을 믿지 않을 것이다. 따라서 이 단순하고 평범한 믿음의 문제는 주님이 택하신 사람을 구별하는 증거가 된다. 이보다 절대적으로 확실한 다른 증거는 없다.

믿는 자는 영생을 가졌나니 _요 6:47

감정과 행동은 모두 증거가 될 수 있다. 하지만 하나님의 약속에 관심이 있는지에 대한 결정적인 증거는 하나님에 대한 믿음뿐이다.

아브라함이 하나님을 믿으매 그것이 그에게 의로 여겨진바 되었느니라 _롬 4:3

아브라함에게는 인격적으로 좋은 점이 많았지만, 하나님을 믿었다는 것이 결정적인 장점이었다. 이 믿음은 아브라함이 칭찬받을 만한 모든 내용의 근원이 되었다.

세상적으로 지혜로운 사람들은 믿음을 멸시하고, 믿음

을 훌륭한 행동과 대조하여 생각한다. 그러나 이렇게 대조하는 것은 공정하지 않다. 그것은 수원水源을 시냇물과 대조하고, 태양을 태양의 열기와 대조하는 것과 같다. 참된 믿음이 거룩함의 모태라면, 그 모태인 은혜가 믿음으로 인해 영광을 받게 하자. 서로 대조하지 않도록 하자. 그런 불공정한 추론은 이치에 맞지 않는 악의에서 비롯된 것이다. 선한 일을 하는 것만큼 선한 일을 좋아하는 사람이라면 선한 일을 하게 하는 믿음을 사랑할 것이다.

하나님은 믿음을 좋아하신다. 믿음은 하나님을 높이고, 하나님에 대한 순종으로 이어지기 때문이다. 그리고 순종에는 인간에 대한 사랑이 포함된다. 믿음에는 눈에 보이는 것 이상의 무언가가 있다. 우리 주 예수님이 가르쳐 주신 것처럼 믿음은 한 가지 관점으로 볼 때 모든 선한 일 중에서 가장 큰 일이다. 유대인들이 예수님께 물었다(요 6:28-29).

"그들이 묻되 우리가 어떻게 해야 하나님의 일을 하오리이까?"

그들은 기꺼이 하나님의 일을 하기 원했다. 다른 누구보다도 하나님께 인정받는 일을 하고 싶었다. 예수님은 그들에게 대답하셨다.

"하나님께서 보내신 이를 믿는 것이 하나님의 일이니라."

이것은 우리가 할 수 있는 일 중에서 하나님이 가장 크게 인정해 주시는 일은 메시아를 믿는 것이라는 말씀과 같다. 주 예수님을 믿는 것이 최상의 덕목이다. 교만한 사람들은 비웃겠지만 이 말씀은 진리다.

민음이 없이는 하나님을 기쁘시게 하지 못하나니 _히 11:6

그를 믿는 자는 심판을 받지 아니하는 것이요 _요 3:18

약속은 약속을 믿는 자에게 주어진다. 그리고 그 사람에게 약속은 이루어질 것이다. 약속을 껴안는 사람을 약속은 껴안는다. 그리스도를 영접하는 사람을 그리스도가 영접해 주신다. 진실로 믿는 사람은 분명히 구원받는다.

당신은 하나님을 믿는가?

08
약속, 값없는 선물

이로써 그 보배롭고 지극히 큰 약속을 우리에게 주사

_ 벧후 1:4

'주사'라는 단어에 주목하라. 베드로는 "이로써 그 보배롭고 지극히 큰 약속을 우리에게 주사"라고 말한다. 우리는 모든 것을 하나님의 선물로 받는다. 우리는 하나님의 자비로 살아간다. 우리가 가진 모든 것은 선물로 받은 것이며, 앞으로 소유하게 될 모든 것도 같은 방법으로 받아야 한다.

죄의 삯은 사망이요 하나님의 은사gift, 선물는 그리스도 예

수 우리 주 안에 있는 영생이니라 _롬 6:23

우리는 노력으로 얻을 수 있는 것이 아무것도 없지만, 하나님은 모든 것을 주실 수 있다. 구원은 전적인 선물, 값없는 선물, 과분한 선물, 하나님의 사랑으로 인한 자발적인 선물이어야 한다. 구원의 약속도 이와 같은 본질을 가진다.

주는 것이 받는 것보다 복이 있다 _행 20:35

그리고 누구보다도 찬양받으실 분, 영원히 찬양받으실 하나님은 주는 것을 기뻐하신다. 태양의 본성은 빛을 내는 것이고, 강의 본성은 흘러가는 것이듯 주는 것은 하나님의 본성이다. 받는 입장인 우리는 얼마나 복된 존재인가. 우리가 받은 것이 우리에게 얼마나 필요한 것인지를 생각해 볼 때 이 점은 더 크게 부각된다. 우리가 받은 것은, 그것을 얻지 못했다면 우리는 지금 죽은 자이고, 영원히 잃어버린 자가 되었을 바로 그것이다. 우리에게 하나님이 없다면 우리에게는 생명도, 빛도, 소망도, 평화도 없다. 하나님이 은혜의 부요함에 따라 우리에게 주지 않았다면 우리는 헐벗고 가난하고 비참했을 것이고 이보다 훨씬 더 나쁜 상황에 처했을 것이다. 즉 우리는 완전히 전적으로 파멸한 존재다. 우리는 부요한 선물을 받을 자격이 없다. 설사 무엇인가를 받을 만한 자격이 있다 해도, 이 선물은 돈 없이, 값없이 주어지는 것이어야 한다. 하나님께서 주시는 약속은 은혜의 축복이어야 한다. 하나님이 그분의 은혜와 그 은혜 안에 있는 값없는 축복을 우리에게 약속해 주셔야 한다고 우리는 감히 주장할 수 없다.

이것은 우리가 어떤 자세를 취해야 할지 가르쳐 준다. 교만한 사람은 의지하지 못한다. 선물로 인해 살아가는 사람은 겸손하고 감사해야 한다. 우리는 은혜의 문 앞에 있는 걸인이다. 날마다 자비를 구하기 위해 성전 미문 앞에 앉아 있다. 하지만 예배를 드리러 오는 사람들이 아닌 천사가 경배하는 그분께 자비를 구한다. 주님이 지나가실 때마다 우리는 구하고 그분은 주신다. 그분의 사랑으로 우리가 받는다고 해서 놀라지 않는다. 주님이 큰 은혜를 주시겠다고 약속하셨기 때문이다. 예수님은 "우리에게 날마다 일용할 양식을 주시옵고"(눅 11:3)라고 기도하라고 가르쳐 주셨다. 그래서 우리는 예수님께 모든 것을 구할 때 부끄러워하지도 두려워하지도 않는다.

우리의 삶은 의지하는 삶이다. 그리고 우리는 정말 기쁘게 의지한다. 십자가에 못박히신 그분의 손에서 모든 것을 받는 것은 즐거운 일이다. 우리를 그리스도 안에 있는 부요함으로 이끄는 가난은 다행스러운 것이다. 우리는 아무것도 노력으로 얻지 못하지만, 모든 것을 받고 있으며, 하나님의 영광에 끊임없이 참여하는 존재로 크게 복받은 사람들이다.

이로써 그 보배롭고 지극히 큰 약속을 우리에게 주사

_벧후 1:4

사랑하는 여러분, 순수한 선물에서 비롯되는 이 약속에 대한 가르침은 자신이 모든 것을 잃었고 영적으로 파산했음을 인정하는 모든 사람에게 큰 위로가 될 것이다. 그런 사람들에게 하나님께서 모든 것을 거저 주신다는 말씀은 큰 격려가 된다. 어려운 처지에 있는 사람들에게 주시는 것처럼 그들에게도 주시지 않겠는가. 하나님을 기뻐하는 우리는 모든 것을 선물로 받는다. 왜 다른 사람들은 받지 못할까? 왜 당신은 나처럼 받으려고 하지 않는가? 기꺼이 주려는 사람이 있을 때, 받는 사람의 입장에서는 가난은 장애물이 아니라 오히려 좋은 조건이다.

그러므로 오라, 공로 없는 사람들이여, 그리스도가 당신의 공로가 되실 것이다.

오라, 의롭지 않은 사람들이여, 그리스도가 당신의 의가 되실 것이다.

오라, 죄악으로 가득한 사람들이여, 용서의 하나님이 당신의 죄를 해결하실 것이다.

오라, 완전히 버림받은 사람들이여, 그리스도 안에서 부요하게 될 것이다.

자비를 구하는 것이 당신에게 맞는 일이다. 그리고 당신은 그로 인해 부요해질 것이다. 당신은 몹시 배고프고 텅 빈 지갑밖에 없다. 땅에서 파낼 것이 없는 사람은 구걸하는 것을 부끄러워하면 안 된다. 걸인은 장사밑천이 필요 없다.

그 발에는 낡아서 기운 신을 신고 낡은 옷을 입고 _수 9:5

닳아 해지고 더러운 넝마, 이것이 걸인에게 맞는 옷차림새다. 당신은 영적으로 이렇게 차려입지 않았는가? 불쌍한 사람은 가난할수록 하나님 은혜의 문전에서 더 환영받는다. 가진 것이 적을수록 비난하지 않으시고 아낌없이 주시는 그분께 더 환영받는다.

오라, 가난한 자들이여!
오라, 환영한다.
하나님의 값없는 은혜를 찬양하라.
참된 믿음, 참된 회개,
우리를 가까이 이끄시는 전적인 은혜,
돈 없이 예수 그리스도께 와서 사라.

그렇다. 이것은 전적인 선물이다. 이것이 바로 당신에게 선포하도록 우리가 부르심을 받은 복음이다.

하나님이 세상을 이처럼 사랑하사 독생자를 주셨으니 이

는 그를 믿는 자마다 멸망하지 않고 영생을 얻게 하려 하심이라 _요 3:16

또 증거는 이것이니 하나님이 우리에게 영생을 주신 것과 이 생명이 그의 아들 안에 있는 그것이니라 _요일 5:11

하나님의 입장에서는 전부를 주셨다. 우리의 입장에서는 전부를 받았다. 약속은 이미 맺어졌고 값없이 맺어졌다. 그 약속은 이루어질 것이며 값없이 이루어질 것이다. 하나님은 주신 다음에 값을 지불하라고 요구하지 않으신다. 하나님의 은혜를 받고 그 값으로 지불할 수 있는 것은 사실 아무것도 없다. 하나님은 조금도 요구하지도 받지도 않으신다. 하나님의 사랑은 전적인 선물이다. 당신은 선물로써 하나님의 약속을 받아들일 수 있다. 하나님은 다른 조건을 내걸어서 자신의 품위를 떨어뜨리지 않으신다.

성경에 기록된 말씀은 분명히 가난한 사람들에 대한 초청장이다. 그들이 담대하게 그 말씀으로 도움받기를……. 위대한 종이 울리고 있다. 끝없이 풍성한 위대한 식탁으로 나아올 사람들은 그 종소리를 듣고 가까이 나아오라고 종이 울리고 있다. 값없이 하나님 은혜의 부요함을 따라, 하나님은 예수 그리스도를 믿는 모든 사람에게 구원과 영생을 약속해 주신다. 하나님의 약속은 확고하고 분명하다.

왜 사람들은 그 약속을 믿지 않는가? 모든 믿는 자에게 값없이 주어지는 약속에 대해 당신은 무엇이라고 말하겠는가? 그 약속을 믿고 그 약속을 따라 살겠는가?

09
실재인 하나님의 약속

영원하신 하나님이 그분의 피조물과 약속을 맺으신다는 것은 놀라운 일이다. 하나님은 약속을 선포하실 때 하나님께 기쁨이 되는 대로 자유롭게 약속을 주신다. 하지만 한번 약속하신 후에는 하나님의 진실과 명예 때문에 말씀하신 대로 행하신다. 정말로 하나님에게 이것은 하나님의 한계가 없는 자유다. 약속은 항상 하나님의 주권적 의지와 선하신 기쁨의 선포이기 때문이다. 그리고 하나님이 말씀대로 행하시는 것은 그분의 기쁨이다. 그러나 자유로운 영이신 하나님이 그 자체로 구속력 있는 언약을 맺으신다는 것은 놀라울 정도로 자신을 낮추시는 것이다. 하지만 하나님은 그렇게 하신다. 하나님은 인간과 은혜의 언약을 맺으시고, 자신의 말씀을 보증하실 뿐만 아니라 맹세하심으로 자신의 약속을 확증하신다.

이는 하나님이 거짓말을 하실 수 없는 이 두 가지 변하지 못할 사실로 말미암아 앞에 있는 소망을 얻으려고 피난처를 찾은 우리에게 큰 안위를 받게 하려 하심이라
_히 6:18

이 언약 안에 많은 보배로운 약속이 있다. 이 약속은 그리스도 예수 안에서 모두 확증받은 것이며 하나님의 신실하심이라는 기초 위에 세워진 것이다. 이 약속은 바울이 디도에게 썼던 것처럼 우리의 소망이다.

영생의 소망을 위함이라 이 영생은 거짓이 없으신 하나님이 영원 전부터 약속하신 것인데 _딛 1:2

하나님은 약속하셨다. 그리고 우리는 그 약속의 신실함 위에 현재와 영원을 위한 확신을 쌓아올린다. 우리는 영혼의 구원을 위해 신실하신 창조주의 약속에 의지하는

것을 무모하다고 생각하지 않는다. 우리가 믿을 수 있도록 하나님은 약속을 말로만 하신 것이 아니라 글로도 써주셨다. 사람들은 합의 내용을 문서로 써주기를 원한다. 이 경우에도 그렇게 해주셨다.

기록한 것이 두루마리 책에 있나이다 _시 40:7

영감의 페이지에 그 기록이 존재한다. 우리는 성경을 믿기 때문에 그 안에 포함된 약속도 믿을 수밖에 없다.

많은 사람이 연약함 때문에 하나님의 약속을 실재적인 것으로 생각하지 않는다. 친구가 약속을 하면 사람들은 그 약속을 실질적인 것으로 생각하고 약속이 보증하는 것을 기대한다. 그러나 하나님이 선언하신 것은 전혀 의미 없는 많은 말로만 생각할 때가 있다. 이것은 하나님을 크게 모욕하는 것이고, 우리 자신에게 상처 주는 것이다. 하나님은 절대 말씀으로 농담하지 않는다는 것을 기억하라.

어찌 그 말씀하신 바를 행하지 않으시며 _민 23:19

하나님의 약속은 언제나 이루어진다. 다윗은 자신에게 주신 하나님의 약속에 대해 이렇게 말했다.

하나님이 나와 더불어 영원한 언약을 세우사 만사에 구비하고 견고하게 하셨으니 _삼하 23:5

하나님은 신중하게, 차례차례, 단호하게 말씀하신다. 그리고 우리는 하나님의 말씀이 확실하고 말씀하신 대로 분명하게 이루어질 것을 믿는다. 하나님을 신뢰하는 사람이 난처하게 된 적이 있는가? 하나님이 말씀을 지키지 않으셨던 순간을 찾을 수 있는가? 수많은 세월이 흐르는 동안 약속하신 하나님께서 그 말씀하신 것에서 뒷걸음치셨다는 증거는 하나도 찾을 수 없다.

우리는 사람들의 성실함을 높이 평가한다. 그리고 우리는 하나님의 성품에서 그 성실함이 빠져 있는 것을 상상할 수도 없다. 그래서 하나님의 말씀뿐만 아니라 하나님의 존재도 틀림없이 믿을 수 있다. 블뤼허Gebhard Leberecht von Blücher, 1742~1819년가 워털루 전투에서 웰링턴 Arthur Wellesley Wellington, 1769~1852년을 돕기 위해 진군할 때 불가능하다고 머뭇거리는 병사들에게 말했다.

"그렇게 해야만 한다. 나는 그곳에 가기로 약속했다. 약속했단 말이다. 너희들 때문에 약속을 깰 수는 없다."

그는 워털루에서 크게 승리했다. 그는 지체하지 않았다. 약속했기 때문이다. 우리는 그런 성실함을 높이 평가한다. 그런 성실함이 없는 사람을 우리는 경멸한다. 전능하신 하나님이 약속을 지키지 않으실까? 그렇지 않다. 하나님은 약속을 미루기보다는 하늘과 땅을 움직이고 우주를 흔드실 것이다. 하나님은 이렇게 말씀하실 것이다.

"그렇게 해야만 한다. 나는 약속을 했다. 약속했단 말이다."

약속을 지키지 않는 대신 오히려 자기 아들을 아끼지 않으셨다. 말씀을 어기는 대신 오히려 예수님께서 죽으셨다. 다시 말하지만 약속을 믿어라. 하나님은 말씀하시는 그대로 이루신다. 그리고 모든 말씀 한마디 한마디를 그대로 지키실 것이다. 그러나 선택받은 백성이 아니면 누가 하나님을 믿겠는가? 당신은 믿을 수 있는가?

하나님 외에 다른 사람은 우리를 속일 수 있지만, 하나님은 진실하시다. 세상의 모든 진리를 한 곳에 모을 수 있다 해도, 하나님의 성실함에 비하면 그 진리는 양동이의 물 한 방울밖에 되지 않는다. 가장 정의로운 사람의 성실함을 하나님의 확실한 진리와 비교하면 공허 그 자체일 뿐이다. 가장 정직한 사람들의 성실함은 연기와 같지만, 하나님의 성실함은 바위와 같다. 우리가 성실한 사람을 신뢰한다면 선하신 하나님은 무한대로 신뢰해야 한다. 하나님의 약속을 믿는 것이 왜 희귀한 일로 보이는가? 사람들에게 하나님의 약속을 믿는 것은 꿈같고 감상적이고 신비로운 일처럼 여겨지기도 한다. 하지만 하나님의 약속을 침착하게 바라보면 그것이 가장 실제적으로 일을 처리하는 방법임을 알게 된다.

하나님은 실재하신다. 그 밖의 모든 것은 그림자다. 하나님은 확실한 분이다. 그 밖의 모든 것은 의심받을 수 있다. 하나님은 틀림없이 약속을 지키시며, 이것은 절대적으로 당연한 결과다. 어떤 다른 것이 하나님이 될 수 있겠는가? 하나님을 믿는 것은 어떤 노력도 필요하지 않은 마음의 행위가 되어야 한다. 문제가 제기될 수 있음에도 불구하고 단순하고 순수한 마음은 무의식적으로 이렇게 말한다.

사람은 다 거짓되되 오직 하나님은 참되시다 _롬 3:4

하나님을 절대적으로 신뢰하지 않는 것은 하나님이 마땅히 받으셔야 할 영광을, 흠 없는 거룩함을 빼앗는 것이다. 하나님에 대한 우리의 의무를 다하기 위해서는 하나님의 약속을 받아들이고 그대로 행해야 한다.

정직한 사람은 신뢰받을 자격이 있다. 진리의 하나님은 그럴 만한 자격이 있으시다. 수표나 약속어음을 내면 실제 지불한 것으로 생각하는 것처럼, 우리는 약속 그 자체를 약속된 것의 실체로 생각해야 한다. 지불하겠다는 약속은 일상생활에서 이 사람 손에서 저 사람 손으로 전달된다. 마치 그 약속이 거래상 현금인 것처럼 말이다. 하나님의 약속도 이와 같다. 우리가 하나님께 요구하는 진정서를 가지고 있다고 믿자. 하나님은 우리의 이런 행동을 인정해 주시고, 그 믿음에 보답해 주신다고 약속하신다.

하나님의 약속을 그대로 믿고 따를 수 있는 분명하고 확실한 것으로 인정하자. 그리고 우리의 모든 계획 속에서 하나님의 약속을 가장 중요한 요인으로 생각하자. 하나님은 예수님을 믿는 사람들에게 영생을 약속하셨다. 우리가 정말 예수님을 믿는다면 우리는 영생을 가졌고, 그 위대한 특권으로 인해 기뻐할 수 있다. 하나님의 약속은 우리가 가진 확신의 최고 기반이다. 하나님의 약속은 꿈이나 비전, 상상에 의한 계시보다 훨씬 더 확실하다. 기쁨이나 슬픔 같은 감정보다 훨씬 더 믿을 만하다.

그를 믿는 자는 심판을 받지 아니하는 것이요 _요 3:18

나는 예수님을 믿는다. 그렇기 때문에 심판을 받지 않을 것이다. 이것은 올바른 추론이며 그 결론은 확실하다. 하나님이 그렇게 말씀하셨다면 의심할 여지없이 그런 것이다. 하나님이 직접 선포하신 것보다 더 확실한 것은 없다. 하나님이 직접 서명하시고 날인하셔서 보증하신 것보다 더 확실한 것은 없다.

영혼이 죄를 자각하게 될 때, 그 영혼은 매우 강도 높은 믿음으로 하나님이 위협하시는 것을 감지한다. 두려움에 눌린 믿음 때문에 마음속에서 극도의 공포와 절망감이 생기기 때문이다. 왜 약속을 이와 비슷한 수준으로 받아들이지 않는가? 왜 이와 똑같은 확실함으로 받아들이지 않는가? 믿지 않는 사람이 심판받는다는 것을 마음으로 믿는 사람이라면, 믿고 세례를 받은 사람은 구원받는다는 말씀도 이와 똑같은 확신으로 받아들일 수 있다. 후자의 말씀도 전자와 똑같은 하나님의 말씀이기 때문이다. 예민한 마음은 하나님 말씀의 어두운 측면을 깊이 숙고하고, 그 말씀의 힘을 온전히 느끼는 경향이 있다. 동시에 기록된 말씀의 밝은 측면은 무시하고 그 말씀을 의심한다. 마치 그 말씀은 진리이기에는 너무 좋은 말씀이라는 것처럼 말이다. 참 어리석은 일이다. 우리의 무가치함을 기준으로 판단하면, 우리가 받은 모든 복은 우리가 받기에는 너무 좋은 은혜다. 그러나 하나님의 탁월하심을 기준으로 판단하면, 너무 좋아서 하나님이 주실 수 없는 축복은 없다. 무한한 복을 주시는 것은 사랑의 하나님의 본성이다.

우리는 때때로 '죽음처럼 확실히'라는 말을 들을 때가 있다. 우리는 '생명만큼 확실히'라고 바꾸어 말할 수 있다. 은혜로운 일은 '의를 따라 엄위하신 일'(시 65:5)처럼 확실하다.

이는 그를 믿는 자마다 멸망하지 않고 영생을 얻게 하려 하심이라 _요 3:16

이 말씀은 틀림없다. 하나님이 그렇게 말씀하셨기 때문이다. 그리고 이 말씀에는 실수가 없다. 그렇다. 하나님은 말씀하시는 그대로를 의미하신다. 하나님은 절대 시시한 말과 공허한 말로 사람을 무시하지 않는다. 왜 하나님이 그분의 피조물을 속이고, 보잘것없는 확신을 요구하시겠는가? 하나님은 그 말씀이 의미하는 것 이상으로, 그 말씀보다 더 많은 것을 우리에게 주신다.

하지만 그 말씀에 미치지 못하는 경우는 절대로 없다. 우리는 하나님의 약속을 가장 넓은 범위로 해석할 수 있다. 그 약속으로 기대할 수 있는 내용을 가장 넓은 범위로 해석한다고 해도 하나님이 그 범위에 미치지 못하는 경우는 절대 없다. 하지만 믿음은 절대 하나님의 은혜 그 이상을 넘지 못한다. 약속을 받아들이고 그 약속이 그림자가 아닌 실체인 것에 기뻐하자. 바라는 것의 실체로서 그 약속 안에서 지금 기뻐하자.

믿는 사람만의 특별한 보물

하나님의 약속은 믿는 사람만의 특별한 보물이다. 믿음이라는 재산의 본질은 약속에 들어 있다. 우리의 언약이신 하나님의 모든 약속은 우리가 개인적으로 소유하고 유지해야 하는 우리의 것이다. 우리는 믿음으로 그 약속을 기꺼이 받고 인정한다. 그리고 약속은 우리의 참된 부요함을 구성한다. 지금 우리는 정말 기쁘게도 보배로운 것을 어느 정도는 가지고 있다. 그러나 우리 재산의 대부분은 하나님의 약속에 있다. 지금 우리 손에 있는 것은 정해진 때에 우리가 받게 될 측량할 수 없는 은혜의 계약금일 뿐이다.

하나님은 지금 이 세상에서, 그리고 신앙생활을 위해

우리에게 필요한 모든 것을 은혜로 주신다. 하지만 하나님이 주실 최고의 복은 앞으로 올 때를 위해 유보되어 있다. 날마다 우리에게 주시는 은혜는 집으로 돌아가는 길에 필요한 여행 경비로 쓰는 돈이지만, 우리의 재산은 아니다. 하나님께서 공급해 주시는 것은 행군하는 데 필요한 물품이지만, 궁극적인 사랑의 연회는 아니다. 길에서 먹는 식사는 놓칠 수도 있다. 하지만 우리는 어린양이신 예수님과의 연회를 위해 가고 있다. 우리가 가지고 있는 돈은 도둑이 훔쳐갈 수도 있다. 그러나 우리의 특별한 보물은 잃어버릴 염려 없이 하나님 안에서 그리스도와 함께 감추어져 있다. 이 보물을 우리에게 주시려고 피 흘리신 손이 우리를 위해 그 보물을 지키신다.

약속에 대한 우리의 권리를 온전히 확신하는 것은 큰 기쁨이다. 그러나 이 기쁨의 감정은 잃어버릴 수도 있고, 그 감정을 다시 느끼는 것은 어려울 수도 있다. 영원한 기업은 진실로 우리의 것이다. 이것은 마치 부동산 권리증서 사본을 손에 들고 읽으며 크게 기뻐하다가, 실수로 그 사본을 도난당하거나 잃어버리는 것과 비슷하다. 사본을 잃어버렸다고 해서 권리까지 잃어버린 것은 아니다. 권리증서를 편안하게 당장 읽을 수는 없겠지만, 재산에 대한 우리의 권리는 흔들리지 않는다.

하나님의 약속은 그리스도와 함께 공동으로 상속한 것이다. 이렇게 받은 것을 깰 수 있는 것은 아무것도 없다. 힘들고 고통스러운 많은 사건 때문에 믿는 자들의 안전에 대한 믿음이 흔들릴 수 있다. 그러나 "이는 그 약속을 그 모든 후손에게 굳게 하려 하심이라"(롬 4:16)고 말씀하셨다. 우리의 가장 위대한 재산은 약속으로 받게 되는 현재의 안위나 확신에 있지 않고 약속 그 자체에 있으며, 약속이 보증해 주는 영광스러운 기업에 있다. 우리의 기업은 요단강 이쪽 편에 있지 않다. 우리가 거할 땅은 현재의 영역 안에 속하지 않는다. 우리는 그 땅을 멀리서 바라본다. 우리의 언약이신 하나님이 영광스럽게, 하나님의 모든 백성과 함께 나타나실 그 영광의 날을 온전한 기쁨으로 기다린다. 하나님의 섭리는 우리가 거하는 이곳이고 하나님의 약속은 우리의 천국 기업이다.

하나님이 택하신 백성을 다루시는 방법이 왜 약속에 의한 것인지 궁금한 적이 있는가? 하나님은 우리에게 하나님의 의도를 알려 주시지 않고 축복해 주실 수도 있다.

이런 방법으로 축복과 관련된 언약을 맺을 필요가 없게 하실 수도 있다. 반드시 약속과 관련된 계획을 세울 필요도 없다. 하나님은 그렇게 하겠다는 약속을 주시지 않고도 우리에게 필요한 모든 은혜를 주실 수 있다. 강한 의지와 확고한 목적을 가지고 계신 하나님은, 사람들을 친구 삼아 의논하지 않고도 믿는 자들에게 행하시는 모든 일을 비밀스럽게 결정하실 수 있다. 세상의 기초를 놓으실 때부터 하나님은 많은 일을 비밀로 행하셨다. 그런데 왜 하나님은 축복의 목적을 보여 주시려고 하는가? 에덴 동산에서부터 지금까지 하나님은 왜 공식적으로 선포한 약속을 기초로 하나님의 백성을 다루고 계신 걸까?

질문 그 자체로 대답이 되지 않는가? 믿어야 할 약속이 없다면, 우리는 믿는 자가 될 수 없다. 구원 체계가 믿음에 의한 것이라면, 믿음을 행사할 수 있는 약속이 맺어져야 한다. 믿음에 의한 구원 계획은 은혜의 원리에 가장 적합하기 때문에 선택되었다. 그리고 그 계획에는 약속을 주시는 것이 포함되고, 그 믿음은 양식과 기초가 될 수 있다. 약속이 없는 믿음은 딛고 설 땅이 없는 발과 같다. 그런 믿음을 믿음이라고 부를 수 있다 해도 은혜의 계획에 합당하지 않다. 믿음이 위대한 복음 명령으로 선택될 때 약속은 복음 체계의 본질적인 부분이 된다.

더구나 좋으신 하나님이 우리가 두 배로 누릴 수 있도록, 처음에는 믿음으로 다음에는 열매로 누릴 수 있도록 의도적으로 좋은 것을 약속해 주신다는 것은 멋진 생각이다. 하나님은 약속에 의해 주심으로써 두 번 주신다. 그리고 우리도 믿음으로 그 약속을 받아들일 때 두 번 받는다. 많은 약속이 성취되는 시간은 미래가 아니다. 우리는 믿음으로 약속을 깨닫고 기대되는 복을 미리 맛보면서 그 약속이 실제로 이루어지기 훨씬 이전부터 우리의 영혼은 그 유익으로 채워진다.

구약의 성도들에게서 이런 경우를 많이 찾아볼 수 있다. 자손으로 말미암아 모든 민족이 복을 받게 된다는 큰 약속은, 하나님의 아들이 실제로 오시기 전에, 수많은 성도에게 믿음의 기반이고, 소망의 기초이고, 구원의 이유가 되었다. 우리 주님이 "너희 조상 아브라함은 나의 때 볼 것을 즐거워하다가 보고 기뻐하였느니라"(요 8:56)고 말씀하지 않으셨는가? 위대한 믿음의 조상은 하나님의 약속이라는 망원경을 통해 믿음의 눈으로 그리스도의 날을 보았다. 그리고 그 약속이 성취되기 전에, 주님이 오시기 전에 아브라함은 세상을 떠났고, 이삭과 야곱, 많은 믿음의 선조들도 마찬가지지만 아브라함은 그리스도를 믿었고, 그리스도를 기뻐했고, 그리스도를 사랑하고 섬겼다. 예수님이 베들레헴에서 태어나기 전에, 갈보리에서 돌아가시기 전에 믿음의 사람들은 예수님을 보았고 그로 인해 기뻐했다. 구세주가 실제로 오시기 전에 약속에 의해 그들은 구세주를 만났다.

지금의 우리에게도 마찬가지다. 약속에 의해, 우리는 아직 보지 못한 것을 소유하기 시작했다. 우리는 기대하면서 앞으로 올 축복을 우리 앞에 존재하는 것으로 만든다. 믿음은 시간을 지우고, 거리를 뛰어넘고, 미래의 것을 즉시 소유할 수 있게 한다. 아직 주님은 우리가 천국의 할렐루야에 참여하게 하지는 않으셨다. 우리는 아직 진주 문을 통과하지 않았고, 정금으로 만들어진 길도 밟지 않았다. 그러나 이렇게 멋있게 표현된 약속은 고통의 그늘을 밝혀준다. 그리고 곧 그 영광을 예상하게 한다. 우리 손으로 종려나무 잎을 잡기 전에, 우리는 믿음으로 승리할 것이다. 우리 머리에 시들지 않는 화관을 쓰기 전에, 우리는 믿음으로 그리스도와 함께 다스릴 것이다. 약속에서 흘러나오는 빛을 바라보는 동안 우리는 천국의 일부분을 볼 수 있었다. 믿음이 강력할 때 우리는 모세가 서서 바라보았던 젖과 꿀이 흐르는 땅에 올라갈 수 있다. 그리고 무신론자들이 '새 예루살렘'은 없다고 주장할 때, 우리는 "'즐거운 산 Delectable Mountains(《천로역정》에 나오는 산)'에서 보지 않았는가?"라고 대답한다. 하나님을 사랑하는 사람들을 위해 하나님이 예비해 놓으신 그 영광을 확신하게 하는 약속으로 말미암아 우리는 새 예루살렘을 충분히 보고 있다. 그래서 우리는 약속된 축복의 첫 부분을 얻고, 그다음에 그 복을 온전하고 최종적으로 누릴 수 있다는 분명한 보장을 그 안에서 발견한다.

또한 약속은 보이는 것을 멀리하게 하고, 영적이고 보이지 않는 것을 향해 앞으로 위로 나아가게 하는 것이라는 생각이 들지 않는가? 하나님의 약속에 따라 사는 사람은 일상생활의 저급한 가치관에 압박받지 않는 전혀 다른 분위기로 들어가게 된다. "여호와께 피하는 것이 사람을 신뢰하는 것보다 나으며 여호와께 피하는 것이 고관들을 신뢰하는 것보다 낫도다"(시 118:8-9)라고 성경은 말한다.

정말 이 말씀은 진리다. 하나님께 피하는 것이 더 영적이고, 더 고귀하고, 더 용기를 준다. 우리는 하나님의 능력으로 이 수준 높은 믿음으로 올라가야 한다. 우리의 영은 본질적으로 무가치한 것에 집착하게 되어 있다. 우리는 보고 싶고, 만지고 싶고, 조종하고 싶은 우상숭배에 대한 욕구 때문에 한계가 있다. 우리는 우리의 감각을 믿지만, 하나님을 신뢰하는 데 필요한 감각은 충분하지 않다. "우리를 위하여 우리를 인도할 신을 만들라"(출 32:1)고 이스라엘 백성을 광야에서 부르짖게 했던 영이 우리에게도 역사해서 육체와 피로 만들어져서 손으로 만질 수 있는 것을 동경하게 하고 그것을 믿게 한다. 우리는 증거, 증표, 물증을 간절히 원하고, 보이는 모든 증거보다 하나님의 약속이 더 좋고 더 확실하다는 것을 인정하지 않으려고 한다. 그래서 보이지는 않지만, 더 좋고 더 확실한 것을 시도하도록 내몰릴 때까지 눈에 보이는 증표와 증거를 찾는 데 모든 힘을 쏟는 것이다.

하나님의 자녀가 약속이라는 법칙에 따라 행하도록 부르심을 받아, 바위처럼 영원한 것을 위해 모래처럼 순간적인 것을 포기하는 것은 얼마나 복된 일인가. 더구나 약속은 우리 마음이 하나님을 깨닫는 데 도움이 된다. 하나님의 자녀는 약속을 믿을 때, 하나님이 계신 것과 하나님이 자기를 열심히 찾는 자들에게 상 주시는 분임을 느끼게 된다.

우리에게는 살아 계신 하나님을 떠나고자 하는 경향이 있다. 우리는 물질주의라는 종교에 따라 살아가고 움직인다. 물질주의의 영향력에 사로잡히기 쉽다. 우리는 육신의 고통을 느낄 때, 이 육신이 실제임을 느낀다. 우리는 세상의 십자가로 괴로울 때, 이 세상이 실제임을 느낀다. 그러나 육신은 보잘것없는 장막이며 세상은 단지 거품일 뿐이다. 보이는 것들은 허울뿐이지만, 애석하게도 우리에게는 견고해 보인다. 우리에게 필요한 것은 보이지 않는 것이 보이는 것만큼이나 실제적이며, 오히려 더 실제적임을 아는 것이다. 죽어가는 세상에서 우리에게는 살아 계신 하나님이 필요하다. 우리는 하나님을 가까이 모셔야 한다. 그렇지 않으면 멸망할 것이다. 하나님은 하나님의 백성이 그분을 깨달을 수 있도록 훈련하신다. 약속은 이 훈련 과정의 일부다.

하나님이 우리에게 믿음을 주시고 우리가 하나님의 약속을 의지할 때 우리는 하나님과 대면하게 된다. 우리는 "누가 이 약속을 주셨지? 누가 이 약속을 이루어 주시지?"라고 질문한다. 그래서 우리의 생각은 영광스러운 하나님의 존재에 미치게 된다. 우리는 영적 생활의 모든 체계에 하나님이 얼마나 필요한지를 느낀다. 그리고 하나님이 진실로 개입하셔서 그분 안에서 살고, 움직이고, 존재하게 하시는 것을 느낀다. 약속 때문에 힘이 난다면, 그것은 오직 약속 뒤에 하나님이 계시기 때문이다. 약속이 거짓말을 모르시는 하나님의 입에서 비롯되었다는 사실을 제외한다면, 약속이 실패를 모르는 하나님의 손으로 만들어진 것이라는 사실을 제외한다면 약속이라는 몇 마디 말은 우리에게 아무 의미가 없다. 약속은 하나님의 목적을 예시하는 것이며 앞으로 주실 축복의 그림자다. 정말로 하나님이 우리 곁에 계신다는 증표다. 우리는 하나님의 약속이 성취되는 일을 하나님께 맡긴다. 그것은 하나님이 약속이라는 방법에 따라 우리를 다루시는 이유 중 하나다.

만약 하나님이 아무 예고도 없이 우리 문 앞에 복을 던

져놓으신다면, 우리는 그 복이 언제 왔는지 관심도 갖지 않을 것이다. 마치 하나님이 매일 아침 태양을 떠오르게 하시는 것처럼 계속해서 정기적으로 복을 주신다면, 우리는 자연법칙의 일반적인 결과인 것처럼 그 복을 가볍게 생각할 것이다. 그리고 정해진 시간에 이루어지는 하나님의 섭리 때문에 하나님을 잊어버릴 수도 있다. 우리가 약속을 읽고, 믿음으로 그 약속을 인정하고, 기도로 그 약속을 구하고, 정해진 때에 그 약속이 성취되는 것을 볼 때 우리는 하나님의 존재와 인자하심에 대한 큰 시험을 받게 된다.

하나님이 규칙적으로 베풀어 주시는 은혜는 우리의 믿음을 유지하고 강화하는 것이어야 하는데, 오히려 믿음을 약하게 만드는 방법이 될 때도 있다. 정부에서 연금을 받거나 일 년에 네 번 집세를 받아서 양식을 얻는 사람은 그 속에 하나님의 손이 간섭하고 있다는 사실을 잊어버리기 쉽다. 그래서는 안 되지만, 우리 마음의 완악함 때문에 은혜로운 하나님의 섭리가 계속되면 이런 좋지 않은 결과가 나오기도 한다.

광야에서 태어나 수년 동안 아침마다 만나를 모아들

였던 이스라엘 백성이 만나에 대해 더이상 놀라워하지도 않고 그 속에 하나님의 손이 역사하시는 것을 모른다고 해도, 나는 그것을 이상하게 생각하지 않는다. 부끄럽게도 어리석은 일이다. 하지만 얼마나 일반적인 일인가. 많은 사람이 하루하루를 겨우 살아가면서, 날마다 일용할 양식을 주시는 하나님의 손을 경험하고 있었다. 마침내 하나님의 선하심 때문에 그들은 이 세상에서 부요하게 되었고, 걱정과 어려움 없이 정기적인 수입을 얻게 되었다. 그러자 금세 그 수입을 자신이 노력해서 얻은 것으로 생각하고 더이상 하나님의 인자하심을 찬양하지 않는다.

하나님의 지속적인 임재하심 없이 살아가는 것은 정말 무서운 일이다. 공급받지만 하나님에 의한 것이 아니다. 하나님의 도우심 없이 유지되고 있다. 가난하거나 병들거나 추방당해서 하늘 아버지께 가까이 갈 수 있도록 내몰리는 편이 더 유익할 수 있다. 하나님을 잊어버리고 그로 인해 저주받지 않도록 하나님은 가장 좋은 복을 하나님이 직접 하신 약속과 연관시키기를 즐겨하시고 약속에 대한 우리의 믿음을 이끌어내기 원하신다. 하나님은 그분의 자비가 우리 사랑의 눈앞에서 하나님의 얼굴을 가리는 장막이 되지 않게 하신다.

그보다는 하나님의 자비를 하나님이 우리를 보시는 창문으로 삼으신다. 약속을 주신 하나님은 약속 안에서 보이신다. 우리는 약속이 이루어질 때 하나님의 손을 본다. 그래서 사람의 마음속에 도사리고 있는 세상의 무신론에서 우리는 구원을 받는다.

"우리는 믿음으로 성장할 수 있도록 약속의 지배 아래 놓여 있다"라는 말을 반복할 필요가 있다. 약속 없이 어떻게 믿음이 있을 수 있겠는가? 약속을 붙잡지 않고 어떻게 믿음이 성장하겠는가? 우리는 곤고할 때 "환난 날에 나를 부르라 내가 너를 건지리니"(시 50:15)라고 말씀하신 하나님을 기억해야 한다. 신앙이 있는 사람은 이 말씀을 믿고 하나님을 부르고 구원받았음을 깨닫는다. 그 결과 믿음이 강해지고 하나님께 영광이 된다.

때로는 신실한 믿음이 있어도 약속이 당장 성취되는 것을 보지 못하기도 한다. 이럴 때에도 믿음을 가지고 잠시 기다려야 한다. 이것은 믿음을 위한 좋은 훈련이다. 믿음의 신실함과 믿음의 힘을 시험하는 데 도움이 된다.

이 시험은 믿는 자에게 확신을 주고 위로로 충만하게 한다. 이제 기도가 응답되고, 약속된 은혜가 임하고, 믿음이 승리의 관을 쓰고 하나님이 영광을 받으신다. 반면에 약속의 성취가 지체되면 소망의 인내를 낳고 모든 은혜의 가치가 두 배가 된다. 약속은 믿음을 위한 훈련의 장을 제공한다. 약속은 어린 믿음을 훈련하기 위한 장대높이뛰기의 장대와 바 bar 가 된다. 이런 훈련을 받으면서 믿음이 점차 강해져서 군대를 무찌르거나 벽을 넘게 된다. 하나님에 대한 확신이 확고할 때, 우리는 불가능 앞에서 웃으며 "이루어질 거야"라고 소리칠 수 있다. 하지만 믿음이 둘러싸고 있는 확실한 약속이 없다면 결코 그렇게 할 수 없다.

아직 성취되지 않은 약속은 우리가 영적인 삶에서 진보하는 데 귀중한 도움이 된다. 이 보배롭고 지극히 큰 약속에 의해 우리는 더 높은 것을 지향하도록 자극받는다. 앞에 놓인 좋은 것을 기대하기 때문에 우리는 인내하고 전진할 수 있을 정도로 강해진다. 걸음걸이를 배우는 어린아이가 앞에 보이는 사과를 향해 한 발자국씩 내딛도록 인도받는 것과 같다. 우리는 약속을 보면서 어렵지만 믿음의 발걸음을 내딛도록 설득당하고 있다. 그래서 하나님을 향해 점점 더 가까이 발걸음을 내딛는다. 어린 아이는 의자를 붙잡으려고 한다. 붙잡고 있는 것을 모두 포기하고 발만 딛고 가는 모험은 어려운 일이다. 하지만 조금씩 돌아다닐 만큼 대담해지고 엄마의 무릎으로 돌아온다. 이 작은 모험은 또 다른 모험으로 이어지고, 결국 혼자서 달리기도 할 수 있게 된다. 아기를 훈련하는데 사과가 중요한 역할을 하는 것처럼 믿음을 훈련하는데 약속이 중요한 역할을 할 것이다.

우리는 계속해서 약속을 받고, 내가 믿기로는 이제 땅에서 기는 것과 의지할 만한 것을 붙드는 일을 포기하고, 우리 자신을 믿음으로 행하는 일에 드릴 수 있게 된다. 영적 은혜와 행동의 모든 방식에 있어서 약속은 우리 영혼을 훈련하는데 매우 유용한 도구다.

"하나님, 저는 하나님께 많은 것을 받았습니다. 그로 인해 하나님의 이름을 찬양합니다. 하지만 여전히 제가 누리지 못한 더 많은 약속이 있습니다. 저는 이 약속이 성취될 때까지 앞으로 나아갈 것입니다. 미래는 제가 알지 못하는 곳입니다. 그러나 저는 하나님의 약속을 가지고 그곳에 들어갑니다. 지금까지 저를 인도한 선하심과 인자하심을 그 안에서도 발견하기를 기대합니다. 저는 이것보다 더 위대한 것을 구합니다."

이 말을 당신에게 상기시키고 싶다.

"약속은 이 세상에서 영적 조건의 섭리 가운데 일부분이다. 약속은 기도하게 만들기 때문이다."

약속을 간구하는 것이 아니라면 무엇이 기도이겠는가? 말하자면 약속은 기도의 원재료다. 기도는 약속이라는 저수지에 저장된 물로 인생의 들판에 물을 주는 것이다. 약속은 기도의 능력이다. 우리는 하나님께 나아가서 이렇게 기도한다.

"하나님께서 말씀하신 대로 행하십시오. 주님, 여기 하나님의 말씀이 있습니다. 하나님이 이 말씀을 이루어 주시기를 간구합니다."

약속은 기도의 화살을 쏘는 활과 같다. 나는 고난의 때에 내 필요에 정확히 맞는 약속을 찾고, 그 말씀에 내 손가락을 대고 이렇게 말한다.

"하나님, 이것이 당신의 말씀입니다. 제 경우에 맞게 이 말씀을 이루어 주셔서 이 말씀이 정말 그렇다는 것을 증명해 주시기 원합니다. 저는 이 말씀이 하나님이 직접 쓰신 말씀임을 믿습니다. 제 믿음대로 이 말씀을 이루어 주시기를 기도합니다."

나는 성경이 하나님의 영감에 의한 책이라는 것을 믿는다. 그리고 하나님이 기록하신 모든 문장을 온전하게 이루시리라고 겸손하게 하나님을 의지한다. 나는 하나님이 사용하신 바로 그 말씀을 가지고 하나님을 기쁘게 의지한다. 또 하나님이 말씀하신 대로 행하실 것을 기쁨으로 기대한다. 하나님이 말씀하셨기 때문이다. 구할 것이 있어서 기도하는 것은 좋은 일이다. 그러나 약속이 주는 기대감 때문에 기도하는 것은 더 좋은 일이다. 우리가 기도할 때 하나님이 우리를 찾아주지 않는다면, 그래서 은혜로운 기도 응답으로 우리를 격려해 주지 않는다면 어떻게 기도하겠는가? 하나님 섭리의 순서에 따라 우리는 시험을 받고 그다음에 약속을 시험해 본다. 우리는 영적 배고픔을 느끼고, 하나님의 입에서 나온 말씀을 양식으로 먹는다. 하나님이 택하신 백성을 관리하는 시스템에 의해, 우리는 하나님과 지속적인 교제를 유지하고 하늘에 계신 하나님 아버지를 잊지 않는다. 우리는 약속이 이루어진 것에 대해 하나님을 찬양하면서, 우리가 믿는 약속이 이루어지기를 기도하면서 하나님 은혜의 보좌 앞으로 나아간다. 우리는 하나님이 거하시는 곳에 셀 수 없을 정도로 많이 들어간다. 그곳에 우리가 구해야 할 약속이 있고, 하나님이 은혜를 주시려고 기다리기 때문이다. 이것은 감사해야 할 시스템이 아닌가? 하나님은 약속하지 않은 복을 우리에게 쏟아 부어 주시지 않고, 오히려 축복을 하나님 약속의 주제와 우리 믿음의 목적으로 삼으셔서 하나님의 은혜를 더 가치 있게 만드셨다. 그로 인해 하나님을 찬양해야 하지 않겠는가?

11
보배롭고 지극히 큰 약속의 가치

이로써 그 보배롭고 지극히 큰 약속을 우리에게 주사

_벧후 1:4

우리는 약속을 보배로 생각한다. 이제 약속에 관해 조사하고, 그 가치를 평가할 때가 되었다. 약속은 우리의 자산이다. 우리 자산에 대한 정확한 평가서를 작성해 보도록 하자. 우리가 얼마나 부자인지 모를 수도 있다. 많은 재산이 있는데도 그 사실을 모르고 가난하게 사는 것은 불행한 일이다. 우리에게 예비되고 약속된 은혜와 영광의 부를 정당하게 평가할 수 있도록 성령님의 도우심을 구하자.

베드로 사도는 '보배롭고 지극히 큰 약속'이라고 말했다. 하나님의 약속은 실제로 그 약속과 비교할 수 있는 그 어떤 것보다도 지극히 크다. 누구도 하나님처럼 약속한 적이 없다. 왕이 나라의 절반까지 약속한 적은 있다. 하지만 무슨 상관인가? 하나님은 그분의 아들과 자기 자신까지도 백성에게 주시겠다고 약속하셨다. 그리고 그렇게 하셨다. 군주들은 어딘가에 한계선을 긋는다. 하지만 하나님은 택하신 자들을 위해 준비한 선물에 한계를 정하지 않으신다.

하나님의 약속은 지극히 크고, 그와 비슷한 모든 것보다 지극히 크다. 예를 들어 후하게 주시는 것과 관련해서 하나님과 비길 수 있는 사람은 아무도 없다. 마치 하늘이 땅에서 먼 것처럼 하나님의 약속은 다른 약속들보다 훨씬 위에 있다.

또한 모든 기대보다 지극히 크다. 하나님은 "우리가 구하거나 생각하는 모든 것에 더 넘치도록 능히 하실"(엡 3:20) 분이다. 하나님이 하셨던 것처럼 하나님이 그런 약속을 하시리라고는 아무도 상상하지 못했다. 하나님의 약속은 상상으로 만들어낸 꿈을 능가한다. 이루어질 것이라고 크게 확신하는 희망도 하나님의 약속에는 미치지 못하고, 가장 고귀한 생각도 하나님의 약속보다 크지 않다. 성경은 진리다. 성경은 가공될 수 없다. 성경에 기록된 약속은 정말 간절히 기대하는 사람이 생각하는 것보다 양적으로도 훨씬 많고, 질적으로도 훨씬 좋다. 하나님은 놀랍도록 충만한 위로의 말씀으로 우리를 놀라게 하신다. 우리가 다윗처럼 의문 가운데 앉아서 "이것이 어찌된 일입니까?"라고 울부짖을 때, 하나님은 은혜로 우리를 압도하신다.

약속은 측량할 수 있는 그 어떤 것보다 지극히 크다. 의미에 있어서 하나님의 약속은 심연처럼 깊고, 탁월함에 있어서 하늘처럼 높고, 지속성에 있어서 바다처럼 넓다. 모든 약속에 대해서 "너무 높아서 닿을 수 없습니다"라고 말할 수도 있다. 전반적으로 약속은 하나님의 충만하심과 공급하심을 보여 준다. 하나님이 하시는 것처럼 하나님의 약속은 모든 것을 채운다. 그 범위가 무한하기 때문에 우리가 깨어 있든 자고 있든, 앞으로 가든 뒤로 돌아오든 하나님의 약속은 우리 주위 어디에나 있다. 하나님의 약속은 요람에서 무덤까지 우리의 전 생애를 아

우른다. 편재하다는 말로 표현할 수 있다. 하나님의 약속은 모든 장소에서 언제나 우리 주위를 에워싸고 있기 때문이다. 우리가 잠잘 때 하나님의 약속은 베개가 되고, 잠에서 깰 때도 여전히 우리와 함께 있다.

하나님이여 주의 생각이 내게 어찌 그리 보배로우신지요
그 수가 어찌 그리 많은지요 _시 139:17

모든 생각과 계산보다 '지극히 큰 것', 우리는 그 약속에 감탄하고, 그 약속을 주신 하나님을 찬양한다. 하지만 그 약속을 측량하는 것은 불가능하다.

또한 약속은 모든 경험보다 지극히 크다. 5~60년 동안 하나님을 알아 온 하나님의 사람들도 그분의 약속 중에서 가장 알짜인 약속을 아직 경험하지 못했다. 아직도 '화살이 네 앞쪽에 있다'(삼상 20:22)고 말할 수 있다. 하나님은 더 좋고, 더 깊이 있는 무엇인가를 우리가 미래에 찾을 수 있도록 남겨 두셨다. 하나님 약속의 깊은 바다 가운데 들어가 본 사람은 아직도 헤아릴 수 없이 깊은 은혜와 사랑이 있음을 온전히 깨닫는다. 약속은 인생보다 길고, 죄악보다 넓고, 무덤보다 깊고, 구름보다 높다. 약속이라는 귀중한 책에 정통한 사람도 약속을 연구하는 데는 여전히 초보자일 뿐이다. 이스라엘의 선조들도 이 책이 지식을 능가한다는 것을 알고 있었다.

약속이 모든 표현보다 지극히 크다는 말은 할 필요도 없다. 인간과 천사의 모든 언어가 내게 주어져도, 나는 하나님의 약속이 얼마나 위대한지를 말로 다 할 수 없다. 하나님의 약속은 한 언어뿐만 아니라 모든 언어를 능가한다. 약속은 열정적인 사람들이 지금까지 말해 온 모든 열렬한 찬사를 능가한다. 보좌 앞에 있는 천사조차도 이 경이로움을 더 알고 싶어 한다. 천사들도 그 신비의 길이, 넓이, 높이에 도달하지 못했기 때문이다. 그리스도 예수 안에서 모든 약속은 표현하기가 불가능하다. 그리고 하나님 안에 있는 약속은 인간의 언어든, 신의 언어든 모든 말의 힘을 다 소비한다. 이 불가능한 것을 시도하는 것은 헛된 일이다.

베드로는 지극히 '큰(위대한)' 약속이라고 말한다. 베드로는 올바르게 잘 알고 있었다. 약속은 위대하신 하나님에게서 오는 것이며, 우리에게 위대한 사랑을 확신시

커 주고, 큰 죄인에게 주어지며, 우리에게 역사하여 위대한 결과를 낳고 큰 문제를 해결한다. 하나님의 약속은 위대함 그 자체만큼 위대하다. 영원히 우리의 하나님이 되실 수 있도록 하나님의 약속은 우리를 위대한 하나님에게로 인도한다. 하나님의 첫 번째 약속은 그분의 아들을 우리에게 주신다고 보증해 주신 것이었다. 우리는 "말할 수 없는 그의 은사로 말미암아 하나님께 감사하노라"(고후 9:15)고 늘 말한다. 하지만 이 말을 너무 쉽게 하지는 말자.

하나님이 독생자 아들을 주신 것은 상상할 수 없을 정도로 위대한 사랑이다. 이 사랑의 기적을 묘사하기에 '위대한'이라는 말은 너무 시시한 단어인 것 같다. 하나님은 아들을 주실 때, 모든 사람을 위해 예수님을 값없이 주셨다. 그다음에는 보혜사 성령님을 보내주셔서 우리와 함께 영원히 거하게 하시겠다고 약속하셨다. 그 오래된 예언의 성취로 성령님이 오순절에 임하셨다. 믿기 어려울 정도로 놀라운 임재는 지극히 크고 보배로운 약속이 아니겠는가? 성령께서 우리를 위해 천국에 예비된 모든 은혜로 우리 안에서 일하고 계심을 기억하라. 무한한 은혜로 성령님이 우리에게 임하심을 기뻐하며 하나님께 영광을 돌리자.

그리고 하나님은 예수님께서 '구원을 위한 속죄 제물이 되지 않으시고 두 번째로 다시 오실 것'이라는 약속을 주셨다. 모든 성도가 재림의 약속이 얼마나 위대한지를 온전히 측량할 수 있을까? 이것은 성도들을 위한 무한한 복을 의미한다. 그 밖에 하나님은 무엇을 약속하셨는가? 그리스도가 사시기 때문에 우리 또한 살 것이다. 우리는 우리 영혼이 영원히 사는 복을 받을 것이다. 또한 우리 몸의 부활을 누릴 것이다. 우리는 그리스도와 함께 통치할 것이다. 우리는 그리스도 오른편에서 영화롭게 될 것이다. 성취된 약속과 성취되지 않은 약속, 현재를 위한 약속과 영원을 위한 약속. 이 약속은 너무 위대하기 때문에 더 위대해진 모습을 생각하는 것은 불가능하다.

"하나님이 당신에게 말씀하신 것 외에 무엇을 더 말씀하실 수 있을까? 예수를 피난처 삼아 피한 당신!"

체계적인 생각을 하도록 훈련된 사람들이여, 신실한 약속에 대한 당신의 평가를 말해 달라. 나는 죄 용서의 약속을 생각한다.

용서받은 사람들이여, 이 은혜의 위대함을 선포하라. 양자됨의 약속이 있다.

하나님의 자녀들이여, 당신은 하나님 아버지가 이 약속으로 당신에게 주시는 사랑의 방법을 알게 될 것이다. 당신의 기쁨을 표현하라. 어려울 때마다 도와주신다는 약속이 있다.

고난받는 사람들이여, 당신은 하나님이 택하신 사람을 어떻게 붙들어 주시고 구원하시는지를 안다. 하나님 은혜의 광대하심을 선포하라. 당신의 힘이 날마다 강건할 것이라는 약속이 있다.

그리스도를 위해 열심히 사역하는 사람들, 날마다 예수의 십자가를 지고 있는 사람들이여, 당신은 하나님께서 확실하게 붙들어 주신다는 약속이 얼마나 지극히 큰 것인지를 느낄 것이다.

"정직하게 행하는 자에게 좋은 것을 아끼지 아니하실 것임이니이다"(시 84:11)라는 말씀은 어떠한가.

"우리가 알거니와 하나님을 사랑하는 자 곧 그의 뜻대로 부르심을 입은 자들에게는 모든 것이 합력하여 선을 이루느니라"(롬 8:28)는 말씀은 어떠한가.

이렇게 은혜로운 약속의 넓이를 누가 측량할 수 있겠는가? 주머니에서 줄자를 꺼낼 필요는 없다. 줄자는 도움이 되지 않는다. 항성(고정된 별)의 거리를 기준선으로 삼아도 모든 계산은 불가능하다. 부자의 땅을 측정하는 측정기도 아무 소용이 없다. 자신의 땅이 바다에서 바다에이르는 것을 자랑으로 여기는 백만장자가 있다. 하지만 신실하신 하나님의 약속으로 우리에게 보장된 소유물의경계선으로 삼을 수 있는 바다는 없다. 그 주제가 지극히크기 때문에 내 표현 능력을 능가한다. 그래서 나는 그렇게 하지 않는다.

우리가 지금 함께 생각하고 있는 구절은 "지극히 크고보배로운 약속"이라고 말한다. 크다는 것과 보배롭다는것이 함께하는 일은 별로 없다. 하지만 이 경우에는 놀라울 정도로 서로 연결되어 있다. 하나님이 약속을 주시려고 입을 여실 때, 그 약속은 하나님만 한 가치가 있다.하나님은 지극히 큰 능력과 부요함이 있는 말씀을 하신다. 나는 약속의 보배로움을 교리적으로 말하기보다는그 약속을 시험해 보고 증명한 사람들의 경험에 기대려고 한다.

가난하고 어려운 사람들에게 약속은 얼마나 보배로운가. 자신의 영적 가난을 아는 사람들은 자신의 상황에 맞는 약속의 가치를 뚜렷하게 깨닫는다. 또한 약속의 성취를 누리는 사람들에게 약속은 얼마나 보배로운가. 우리가 낮아졌을 때 하나님이 그분의 말씀대로 우리를 도와주셨던 때와 시기를 우리는 기억할 수 있다. 하나님이 무서운 구덩이에서 우리를 건져주시기 전에도, 하나님이 우리를 구원하려고 나타나실 때를 고대하면서 우리는 깊은 어려움에 빠지지 않을 수 있었다. 하나님의 약속 때문에 우리는 사랑의 잔치에 이르기 전에 배고픔으로 죽지 않는다. 앞으로 당할 어려움을 예상할 때 우리는 약속을 확신한다. 그래서 약속은 실제로 이루어지기 전에도 이미 보배롭다. 약속을 믿으면 믿을수록 약속 안에서 믿어야 할 것을 더 많이 발견하게 된다. 우리에 대한 하나님의 말씀이 너무 보배롭기 때문에 우리는 그 약속을 단 한 줄이라도 버리기보다는 오히려 우리가 가진 모든 것을 버릴 것이다. 다음번에는 하나님의 어떤 약속이 필요할지 알 수 없다. 우리가 미처 깨닫지 못했던 약속이 어떤 순간에 우리 삶의 가장 핵심적인 약속으로 판명될지 알 수 없다. 하나님께 감사하라. 하나님은 우리에게 성경의 흥패에서 보석 하나라도 내놓으라고 말씀하지 않으신다. 하나님의 약속은 그리스도 예수 안에서 모두 '예'와 '아멘'이 되어 우리로 하나님께 영광이 되게 한다.

우리가 병들어 누워서 영원을 응시하고 있을 때, 오직 고통과 피곤함으로 시련과 유혹을 받을 때, 하나님의 약속은 얼마나 보배로운가. 믿음을 가지고 하나님의 약속을 굳게 붙잡고 있을 때, 모든 힘겨운 상황은 그 악한 힘을 잃어버린다. 머리로 약속을 생각하고 가슴에 약속을 품고 있을 때의 느낌은 얼마나 달콤한가. 나는 지극히 높으신 하나님의 진리를 의지한다. 세상의 헛된 것을 의지하지 않고 천국의 진리에 소망을 둔다. 이 완벽한 안식에 견줄 만한 것은 어디에서도 찾을 수 없다. 평화의 진주는 보배로운 약속 안에 있다. 죽어가는 사람들을 붙들어주고, 그들이 결혼 피로연에 가는 것처럼 기쁘게 천국으로 갈 수 있게 하는 하나님의 약속은 정말 보배롭다. 영원히 지속되는 것, 정말 영원히 지속되는 것은 보배롭다. 모든 것을 가져다주는 것, 그 안에 모든 것을 가진 것, 그것은 정말 보배롭다. 하나님의 약속이 바로 그러하다.

약속이 정말 지극히 크고 보배로운 것이라면, 기쁨으로 그 약속을 인정하고 신뢰해야 한다. 하나님의 자녀들이 약속을 믿도록 내가 강요해야 할까? 아니, 나는 그런 식으로 하나님의 자녀를 무시하지 않을 것이다. 분명히 하나님의 자녀라면 자신의 아버지를 믿을 것이다. 분명히 지극히 높으신 하나님의 아들과 딸에게 이 세상에서 가장 쉬운 일은, 그들에게 하나님의 자녀가 되는 권세를 주신 그분을 믿는 일이어야 한다. 형제들이여, 불신앙 때문에 약속 앞에서 망설이지 말고 그 약속을 철저히 믿고, 그 약속에 관해 알아야 한다.

우리는 왜 당장 약속대로 행하지 않는가? 그 어떤 것보다 하나님의 약속을 더 잘 알아야 하지 않는가? 약속은 믿는 자들의 권위서가 되어야 한다. 새로 출간된 책을 읽지 않아도, 정부의 최신 법령을 잘 알지 못해도, 하나님이 말씀하신 것은 잘 알고 그 말씀이 이루어지는 것을 보아야 한다. 성경 말씀을 잘 알고 있어서 우리 상황에 가장 정확하게 맞는 약속의 말씀을 언제나 말할 수 있어야 한다. 우리는 성경의 사본이 되어야 한다. 하나님의 약속이 성경에 기록된 것처럼 우리 마음에도 기록되어야 한다.

하나님의 자녀가 자신을 부요하게 해줄 하나님의 약속이 있다는 것을 모르는 것은 매우 애석한 일이다. 모든 재산을 잃고, 아무것도 모르고 거리에서 동전을 구걸하는 가난한 사람이 된다면 정말 슬픈 일이다. 배가 폭풍 가운데 있을 때, 집에 있는 닻이 무슨 소용이 있겠는가? 기도할 때 간구하면서 약속의 말씀을 기억할 수 없다면 무슨 도움이 되겠는가? 다른 것에 대해서는 잘 모르더라도 하나님의 말씀에는 익숙해지도록 노력하라. 우리 몸에 빵이 필요한 것보다 우리 영혼에 필요한 것은 하나님의 말씀이다.

또한 약속을 잘 사용해야 한다. 얼마 전에 한 친구가 나에게 수표를 기부하면서 "오늘 은행에 가서 현금으로 바꾸도록 하게"라고 말했다. 내가 그렇게 했을 것이라고 당신은 확신해도 좋다. 나는 구경하거나 가지고 놀려고 수표를 보관하지 않는다. 은행에 가서 현금으로 바꿔 사용할 것이다.

위대하신 하나님의 보배로운 약속은 분명히 하나님께로 가져가서, 그 약속이 보증하는 축복과 바꾸게 되어 있다. 기도는 약속을 믿음 은행으로 보내고, 대신 영광스러운 복을 받는다. 당신이 어떻게 기도하는지를 생각해 보라. 기도를 실제적인 일로 생각하라. 죽은 형식주의가 되지 않게 하라. 어떤 사람들은 오랫동안 기도하지만 구한 것을 얻지 못한다. 진실하고 실제적인 방법으로 약속을 주장하지 않기 때문이다. 은행에 가서 한 시간 동안 직원과 이야기만 하고 돈을 받지 않고 나온다면, 얻은 유익이 아무것도 없다. 내가 은행에 간다면 직원에게 수표를 건네주고 돈을 받아서 내 사업에 사용할 것이다.

이것이 바로 가장 좋은 기도 방법이다. 하나님의 약속을 믿고 당신이 원하는 것을 간구하라. 축복을 받았다고 믿어라. 그리고 그에 대한 온전한 확신을 가지고 사역을 위해 나아가라. 노래하면서 무릎으로 나아가라. 약속이 이루어졌기 때문이다. 당신의 기도는 응답될 것이다. 하나님의 응답을 받는 방법은 기도 시간의 길이가 아니라 기도의 강도에 있다. 그리고 기도의 강도는 하나님 앞에서 당신이 간구하는 약속에 대한 믿음에 따라 달라진다.

마지막으로 약속에 관해 이야기해야 한다. 하나님이 하신 말씀을 하나님의 가족들에게 이야기하라. 하나님의 등불을 감추지 마라. 약속은 선포해야 한다. 약속을 벽에

걸어 공개하라. 약속을 크게 낭독하라. 우리의 대화는 하나님의 보배로운 약속으로 더 유쾌해질 것이다. 우리는 저녁 식사 후에 30분 정도 앉아서 목회자를 가혹하게 비평하거나 이웃을 비방하기도 한다. 이것을 주일 오락거리로 삼는 경우가 얼마나 많은가. 우리가 "친구, 하나님의 약속을 인용해 보게"라고 말한다면, 그리고 상대방이 "그다음에 자네도 약속을 인용해 보게"라고 말한다면 훨씬 좋을 것이다. 그다음에 하나님이 그 약속을 성취해 주신 것에 대해 알고 있는 대로 이야기한다. 자신에 대한 하나님의 성실하심을 각자 이야기한다. 이런 거룩한 대화로 우리 마음은 따뜻해지고, 서로의 영혼을 기쁘게 하고, 주일을 올바르게 보내게 될 것이다.

사업가들은 사업에 관해 이야기하고, 여행가들은 모험담을 이야기하고, 농부들은 농작물에 관해 이야기한다. 우리는 하나님의 선하심에 대한 기억을 풍성하게 이야기하고, 하나님의 성실하심을 이야기해야 하지 않겠는가? 그렇게 하면 하나님이 우리에게 '지극히 크고 보배로운 약속'을 주셨다는 베드로의 말을 인정하는 것이다.

12

약속을 주시는 하나님의 법칙

여호와께서 그의 말씀대로 솔로몬에게 지혜를 주신 고로

_왕상 5:12

하나님이 솔로몬에게 어떻게 지혜를 주셨는지 나는 알지 못한다. 하지만 하나님은 솔로몬에게 지혜를 주시겠다고 약속하셨고, 그 약속을 지키셨다. 우리가 이 말씀을 깊이 생각할수록 주목할 만한 사실이 드러난다. 솔로몬은 지혜를 얻을 가능성이 있는 상황에서 태어나지 않았다. 나이 든 아버지의 큰 사랑을 받은 아이로 버릇없게 성장할 수도 있었다. 사실상 그 자리에 적합한 자질을 갖추기 전에 왕위에 오른 젊은 솔로몬은 중대한 실책과 실수를 할 가능성이 있었다. 강한 육체적 열정을 가진 그는 결국 욕정에 지고 말았고 철학자보다는 난봉꾼이 될 가능성도 있는 것 같다. 큰 재물과 무한한 권력, 무궁한 번영을 소유한 솔로몬은 지혜를 얻기 위한 시련도 별로 겪지 않았다. 누가 솔로몬의 선생이었는가? 누가 그에게 지혜를 가르쳤는가? 참회하던 어머니가 솔로몬에게 건전한 도덕과 종교를 많이 가르쳤을지도 모른다. 하지만 그 어머니는 다른 모든 사람보다 뛰어나고, 가장 높은 명성을 얻게 할 탁월한 지혜를 솔로몬에게 주지 못했을 것이다. 솔로몬은 다른 사람들보다 많은 것을 알고 있었다. 그래서 다른 사람에게 지혜를 빌려올 수도 없었을 것이다. 현자들은 솔로몬의 발 앞에 앉았고, 그의 명성 때문에 땅끝에서부터 순례자들이 모여들었다. 아무도 그의 선생이 될 수 없었다. 솔로몬은 모든 사람을 능가했기 때문이다. 전 시대에 걸쳐 솔로몬이라는 이름이 지혜로운 사람의 대명사가 될 정도로, 어떻게 절대적으로 탁월한 지혜의 경지에 이르게 되었을까?

지혜로운 마음이 창조되는 과정은 매우 신비스럽다. 누가 그에게 지혜를 주었을까? 사람들이 지식은 줄 수 있지만 지혜는 줄 수 없다. 어떤 선생도 어떤 거장도 어떤 성직자도 지혜를 주지는 못한다. 지혜를 조금이라도 얻기 위해서는 많은 수고를 해야 한다.

그러나 하나님은 솔로몬에게 바다 백사장처럼 넓은 마음과 비할 데 없는 지혜를 주셨다. 하나님은 모든 것을 하실 수 있기 때문이다. 하나님의 방법으로 이 젊은 왕에게 관찰하고, 논리적으로 생각하고, 신중하게 행동할 수 있는 능력을 주셨다. 이런 능력이 또 있다고 해도 솔로몬과 비교할 수는 없다. 우리는 종종 솔로몬의 지혜에 감탄한다. 나는 당신이 여호와의 지혜에 더 크게 감탄하기를 바란다. 여호와의 지혜에서 솔로몬의 탁월한 천재성이 비롯되었기 때문이다.

하나님이 솔로몬에게 이 기적을 행하신 이유는 하나님이 약속하셨고, 그 약속을 확실히 지키시기 위해서다. 이 구절뿐만 아니라 다른 많은 구절이 내 생각을 지지할 것이다. 내가 이 구절에서 말하고 싶은 한 가지는, 하나님이 누구에게 약속하신 것은 그것이 무엇이든 반드시 주신다는 것이다. 솔로몬에게 지혜를 주시든, 당신에게 은혜를 주시든, 하나님이 약속하신 것이라면 그 약속이 효력 없는 문서가 되지 않게 하실 것이다. 우리의 능력으로는 절대 해결할 수 없는 문제가 있을 때, 매우 불리한 상황에 놓여 있을 때도 자신의 말씀대로 행하신 하나님은 약속을 이루는 과정이 너무나 어렵고 불가사의한 어떤 경우에도 자신의 약속을 이루실 것이다. 하나님은 언제나 글자 그대로 약속을 지키실 것이다. 그리고 언제나 그 글자가 의미하는 것 이상으로 행하실 것이다. 하나님은 솔로몬에게 지혜를 주시면서 재물을 비롯해 약속에 들어 있지 않은 수천 가지 다른 것도 주셨다.

그런즉 너희는 먼저 그의 나라와 그의 의를 구하라 그리하면 이 모든 것을 너희에게 더하시리라 _마 6:33

무한한 복을 약속하신 하나님은 일상적인 것들은 마치 적은 금액인 것처럼 덤으로 주신다. 마치 잡화점에서 구입한 물건을 포장할 때 쓰는 포장지와 끈처럼 당연하게 주신다.

솔로몬의 경우에서, 그와 비슷한 수많은 경우에서 우리는 하나님이 주실 때의 법칙이 '하나님이 약속하신 대로'인 것을 가장 먼저 배운다.

역사의 페이지는 이런 사례들로 반짝인다. 하나님은 타락한 우리 조상들에게 여자의 후손이 뱀의 머리를 상하게 할 것이라고 약속해 주셨다. 보라, 경이로운 여자의 후손이 나타나서 그분을 위해, 우리를 위해, 우리의 구원이라는 영광스러운 승리를 얻으셨다. 그 한 가지 약속의 성취로 우리는 나머지 모든 약속도 지켜질 것이라는 보증을 얻었다. 하나님이 노아에게 방주에 들어가는 것이 안전하다고 약속하셨을 때, 노아는 정말 그렇다는 것을 알았다. 대홍수 이전의 세상을 멸망시켰던 수많은 파도 중에서 단 하나도 노아가 머물렀던 안전한 장소에는 들어오지 못했다.

하나님이 아브라함에게 아들을 주시고, 그 땅이 그 아들의 소유가 될 것이라고 말씀하셨을 때, 그 약속은 불가능해 보였다. 하지만 아브라함은 하나님을 믿었고 때가 되자 이삭이 태어났고, 그가 약속의 상속자임을 알고 기뻐했다. 하나님이 야곱과 함께하시고 도와주시겠다고 약속하셨을 때, 하나님은 그 약속을 지키셨고 얍복강에서 씨름하며 구했던 구원을 야곱에게 주셨다.

이스라엘 민족이 이집트의 노예로 전락했을 때, 바로가 이스라엘 백성을 철권 통치하면서 그들을 보내주지 않았을 때, 오랫동안 잠자고 있던 그 약속, 이스라엘 자손이 젖과 꿀이 흐르는 땅을 소유하게 되리라는 약속은 절대 이루어지지 않을 것처럼 보였다. 하지만 당신의 백성을 책임지신 하나님은 그들을 구원하기로 약속하셨던 바로 그날에 크신 손과 편 팔로 이스라엘 백성을 인도하여 내셨다. 하나님은 홍해를 가르셨고, 광야에서 그들을 인도하셨다. 하나님이 그렇게 하실 것이라고 그들에게 확신을 주셨다. 하나님은 요단강을 둘로 나누셨고, 백성 앞에서 가나안 족속을 쫓아냈으며 약속대로 이스라엘 백성에게 그 땅을 거주지로 주셨다.

하나님의 신실하심의 역사는 너무 많아서 그 모든 것을 다 열거하기에는 시간이 부족하다. 하나님의 말씀은 항상 정해진 때에 하나님의 행함으로 정당화되었다. 하나님은 약속에 따라 사람들을 대하셨다. 사람들이 약속을 굳게 붙잡고 "하나님이 말씀하신 대로 해주십시오"라고 말할 때마다, 하나님은 그 기도에 응답하셨고, 하나님을 믿는 것이 결코 헛된 일이 아님을 증명해 주셨다. 약속의 문자 그대로 정해진 시간에, 자신의 말씀을 지키는 것은 전 시대에 걸쳐 하나님의 변함없는 법칙이다.

　"이것은 너무 거창한 이야기야"라고 말하는 사람이 있다. 그러면 좀 더 작은 일에 관해 이야기해 보자. 각 사람에게 약속을 지키는 것이 하나님의 법칙이다. 우리는 하나님이 자신의 말씀을 잊지 않으신다는 살아 있는 증인이다. 수만 명의 우리는 우리가 하나님을 신뢰하고 있으며 절대 난처하게 된 적이 없다는 것을 증명할 수 있다. 예전에 나는 상한 마음의 죄인이었다. 엄청난 분노, 죄책감, 자기 정죄라는 검은 구름 아래 위축되어 있었고, 여호와의 면전에서 영원히 추방당한 것처럼 느껴졌다. 나는 형벌받아야 할 타당성에 대항해서 한마디도 할 수 없었다.

　"만일 우리가 우리 죄를 자백하면 그는 미쁘시고 의로우사 우리 죄를 사하시며"(요일 1:9)라는 하나님의 말씀을 읽었을 때, 나는 하나님 앞으로 나아갔다. 나는 떨리는 마음으로 하나님의 약속을 시험해 보기로 결심했다. 내가 하나님께 죄를 범했음을 인정하자, 하나님은 내 악한 죄를 용서해 주셨다. 내가 쓸데없는 이야기를 하는 것이 아니다. 용서의 순간에 내 마음에 임했던 깊고 평온한 평안은 내가 새로운 삶을 시작하는 것과 같은 느낌이었다. 그리고 실제로도 그랬다.

그 일은 이렇게 일어났다. 어느 안식일에 나는 한 가난한 남자가 다음과 같은 하나님의 약속을 말하는 것을 들었다. "땅의 모든 끝이여 내게로 돌이켜look unto('바라보다'라는 뜻) 구원을 받으라"(사 45:22).

어떻게 단지 그리스도를 바라보는 것만으로 구원받을 수 있는지 이해할 수가 없었다. 그렇게 위대한 결과를 얻기에는 너무 간단한 행동인 것 같았다. 그런데 나는 어떤 일이든 시도해 볼 준비가 되어 있었기 때문에 나는 바라보았다. 나는 예수님을 바라보았다.

내가 한 일은 그것뿐이었다. 내가 할 수 있는 일은 그것뿐이었다. 죄에 대한 속죄제로 오신 예수님을 바라보았다. 그리고 그 순간 내가 하나님과 화해했음을 알았다. 예수님이 나 대신 고난당하셨다면, 나는 더이상 고난당할 필요가 없음을 알았다. 예수님이 내 모든 죄를 담당하셨다면, 나는 더이상 감당해야 할 죄가 없었다. 예수님이 내 죄를 담당하시고 그 형벌로 고통당하셨다면 내 죄는 지워져야만 했다. 이런 생각을 했을 때, 나의 주님이신 예수 그리스도를 통해 하나님과 함께하는 달콤한 평화가 내 영혼에 임했다. 약속은 진리였고 정말 그렇다는 것을 깨달았다. 이 일은 36년 전에 있었지만, 그때 깨달았던 완전한 구원의 느낌을 잊은 적은 한 번도 없다. 또한 내 영혼에 매우 감미롭게 임했던 그 평화를 잃어버린 적도 없다.

그때 이후로 나는 하나님의 약속을 헛되이 의지한 적이 한 번도 없다. 나는 큰 위험에 처하기도 했고, 극심한 가난도 겪었고, 살을 에는 듯한 고통도 느꼈고, 끊임없는 불안에 짓눌리기도 했다. 하지만 하나님은 그분의 모든 말씀 하나하나에 진실하셨고, 내가 하나님을 신뢰했을 때 실패하지 않고 그 모든 어려움을 잘 견딜 수 있게 하셨다. 나는 하나님을 찬양해야만 하고, 실제로도 찬양한다. 이에 대해 나는 주저하거나 미루지 않는다고 손을 얹어 맹세할 수 있다.

모든 믿음의 사람들의 경험은 나와 매우 비슷하다. 우리는 약속을 주시는 하나님을 믿음으로 기쁨과 평화의 새로운 삶을 시작했다. 그리고 계속해서 똑같은 방식으로 살아나간다. 성취된 약속의 긴 목록은 우리의 감사를 일깨우고, 우리의 신뢰를 굳건히 하면서 우리의 행복한 기억 속에 존재한다. 우리는 해마다 수많은 방법으로 하나님의 신실하심을 시험한다. 하지만 결과는 항상 똑같다. 우리는 일용할 양식, 입을 옷, 자녀들, 가정과 관련된 일상적인 삶의 문제에 대한 약속을 붙들고 하나님께 나아간다. 그러면 하나님은 은혜로 우리를 대해 주신다. 우리는 질병과 중상모략, 의심, 유혹에 대해서도 하나님께 도움을 구한다. 그리고 하나님은 한 번도 우리를 저버리지 않으신다. 사소한 경우라도 하나님은 우리를 마음에 두신다. 그분은 우리의 머리카락까지도 세실 수 있다. 정말 약속이 이루어지지 않을 것처럼 보일 때도 놀랍도록 정확하게 약속은 이루어진다. 우리는 인간의 거짓됨으로 주저앉지만, 하나님의 신실하심으로 승리해 왔고 승리할 것이다. 여호와 우리 하나님이 은혜로운 약속을 실행하시는 놀라운 방법을 생각할 때 우리는 눈물을 흘린다.

지금까지 우리는 약속이 선한 것임을 증명했다. 그 약속은 예수님이 보혈로 승인하신 것이다. 여전히 예수님은 신실하시고 지혜로우시고 정의로우시다. 성도들은 여전히 예수님을 신뢰한다.

하나님을 믿는 모든 사람에게 거리낌 없이 말할 수 있다. 하나님의 자녀들이여, 당신의 하늘 아버지가 당신에게 진실하지 않았던 적이 있었는가? 당신은 항상 실패하지만, 하나님은 절대 실패하지 않는다는 사실을 당신은 계속해서 경험하는가? 우리의 사도는 "우리는 미쁨이 없을지라도 주는 항상 미쁘시니 자기를 부인하실 수 없으시리라"(딤후 2:13)고 말했다.

우리가 가장 넓은 의미로 하나님의 언어를 해석해도, 하나님의 약속이 그 의미로 최대한 지켜지고 있다는 사실을 깨닫게 된다. 하나님이 주시는 법칙은 크고 자유롭다. 그 약속은 커다란 그릇이고, 하나님은 그 그릇을 넘치도록 채우신다. 솔로몬에게 하나님이 '말씀대로' 주셨던 것처럼, 세상이 존재하는 한 모든 경우에 그렇게 하실 것이다. 이 책을 읽는 당신도 약속을 믿고, 당신이 그 약속의 상속자임을 증명하기 바란다. 예수님을 위해 당신이 그렇게 할 수 있도록 성령께서 인도해 주시기를 간절히 소망한다.

13

예외 없는 법칙

여호와를 찬송할지로다 그가 말씀하신 대로 그의 백성 이스라엘에게 태평을 주셨으니 그 종 모세를 통하여 무릇 말씀하신 그 모든 좋은 약속이 하나도 이루어지지 아니함이 없도다 _왕상 8:56

하나님은 약속하신 대로 우리에게 좋은 것을 주신다. 우리는 이 사실을 선포하고, 이 말씀이 틀리다고 증명하기 위해 증거를 대려는 세상과 대적한다.

이 점에 대해 나는 증인이다. 나는 오랫동안 경험해 왔고, 매우 폭넓게 관찰해 왔다. 그러나 하나님을 신뢰하는 사람에게 하나님의 약속이 이루어지지 않았던 경우를 아직 보지 못했다. 나는 살아 있는 많은 사람이 하나님의 약속을 믿으면서 어려운 시련 중에도 잘 견디는 것을 보았다. 또한 죽어가는 많은 사람이 똑같은 방식으로 죽음에서 승리하는 것을 보았다. 하지만 일시적인 괴로움 때문에 자신이 가진 소망을 부끄러워하거나 임종의 자리에서 하나님 믿은 것을 후회하는 사람을 만나본 적이 없다. 오히려 내가 보았던 모든 일은 그와는 반대였고, 하나님은 그분을 믿는 모든 사람에게 신실하다고 굳게 주장한다.

이 문제에 대해서 나는 정의의 법정에서 엄중한 확증을 받을 준비가 되어 있다. 나는 선의의 거짓말을 구실 삼아 거짓된 말을 하지 않을 것이다. 미루거나 얼버무리지 않고 정직한 증언으로 이 중요한 주제를 증명할 것이다.

나는 죽음의 극심한 고통 중에도 구세주 믿은 것을 후회하는 사람을 본 적이 없다. 아니, 그 어디에서도 그런 일이 있었다는 것을 들은 적도 없다. 그런 경우가 있었다면, 복음을 싫어하는 사람들이 도처에 광고했을 것이다. 모든 사람이 그 악한 소식을 들었을 것이다. 모든 설교자가 그 문제에 부딪혔을 것이다. 모든 교회의 문에 걸린

전단지를 보았을 것이다. 그 전단지에는 신앙심 깊은 삶을 살면서 구원자의 은혜를 의지했던 어떤 사람이 마지막 순간에 자신이 속았으며 십자가의 교리가 모두 허상이었음을 깨달았다는 내용이 담겨 있을 것이다.

나는 기독교에 반대하는 사람들에게 이런 예를 찾아보라고 도전하고 싶다. 부자와 가난한 사람들, 나이든 사람과 젊은 사람 중에서 그런 예를 찾아보라. 그렇게 할 수 있다면, 마귀 같은 사람에게 살아 계신 하나님의 약속을 단 하나도 받지 못한 증거를 말하게 하라. 하지만 하나님이 단 한 명의 하나님의 사람도 기만했다는 말은 없으며, 앞으로도 절대 그럴 일은 없을 것이다. 하나님은 자신이 하신 모든 말씀에 진실하기 때문이다.

하나님은 절대 거짓말을 할 만큼 비열하지 않다. 단지 억측에 불과한 것은 하나님을 모독하는 일이다. 왜 하나님이 거짓되겠는가? 하나님이 자신의 어떤 점 때문에 약속을 어기겠는가? 그것은 하나님의 성품에 어긋나는 일이다. 어떻게 하나님이 정의롭고 진실하지 않을 수 있겠는가? 하나님의 신실함이 부족해서 자신의 약속을 어기실 일은 절대 없다.

더욱이 전능하신 하나님이 능력 이상의 약속을 하실 일도 없다. 우리는 우리가 말한 대로 행하려고 애쓰지만, 어쩔 수 없는 상황에 지배당하는 자기 모습을 자주 보게 된다. 그리고 우리가 약속대로 행할 수 없기 때문에 우리의 약속은 실패로 돌아간다. 전능하신 하나님에게는 그런 일이 절대로 있을 수 없다. 하나님의 능력은 제한이 없기 때문이다. 하나님에게는 모든 것이 가능하다.

우리는 실수로 약속할 수 있다. 나중에 가서야 우리가 말한 대로 하면 잘못될 수도 있다는 것을 깨닫게 된다. 하지만 하나님은 절대 오류가 없는 분이다. 그래서 하나님 말씀은 실수라고 판단되어 철회되는 일이 없다. 하나님은 무한한 지혜로 모든 약속을 허락하신다. 하나님의 모든 말씀은 오류가 없는 판단에 의해 기록되고, 영원한 진리에 의해 승인받는다. 또한 약속을 주신 하나님이 변해서 약속이 지켜지지 않는 일도 없다. 우리는 변한다. 우리는 얼마나 가엾고 연약한 존재인가. 하지만 하나님은 변함도, 회전하는 그림자도 없으시다. 따라서 하나님 말씀은 언제나 동일하다. 하나님은 변하지 않기 때문에 하나님의 약속은 큰 산처럼 굳건히 서 있다.

어찌 그 말씀하신 바를 행하지 않으시며 _민 23:19

우리는 하나님의 변하지 않는 성품 때문에 큰 위로를
받는다. 하나님이 잊으셔서 하나님의 약속이 실패하는
일은 있을 수 없다. 우리는 우리의 말이 우리의 손보다
앞서 나가기도 한다. 우리는 약속을 지키려 하지만 지키
지 못할 때도 있다. 다른 일이 생기고, 우리의 주의를 분
산시키기 때문이다. 우리는 잊어버리기도 하고 냉담해지
기도 한다. 하지만 신실한 약속자인 하나님은 절대 그렇
지 않다. 하나님이 아주 옛날에 하셨던 약속도 여전히 그
분의 마음에서는 새롭다. 하나님의 약속은 그 약속을 처
음 주셨을 때와 마찬가지로 지금도 똑같은 의미가 있다.
하나님은 언제나 약속을 주신다. 하나님은 시간을 초월
하기 때문이다. 성경의 오래된 약속들도 믿음에 대한 새
로운 약속들이다. 모든 약속은 여전히 하나님의 입에서
선포되고 사람들에게 양식이 되고 있다.

이 모든 이유로 하나님의 말씀은 내적으로든 외적으
로든 믿을 만하다. 하나님의 약속은 가장 확실한 것이며,
그보다 더 확실할 수는 없다. 하나님 말씀을 믿는다는 것

은 아무도 정당하게 의문을 제기할 수 없는 것을 믿는 것이다. 하나님이 말씀하신 것인가? 그렇다면 틀림없이 그런 것이다. 하늘과 땅은 사라지지만, 하나님 말씀은 사라지지 않는다. 자연의 법칙은 잠시 유보될 수도 있다. 불은 꺼질 수도 있고, 물은 흐르지 않을 수도 있다. 하나님 안에는 불성실함이 없다. 하나님 말씀이 이루어지지 않으려면, 하나님의 성품과 본질 안에 불명예스러운 변덕스러움이 있어야 한다. 하지만 그런 일은 있을 수 없다. 하나님은 진실하시고 우리 마음으로 그분의 진실함을 의심할 만한 일을 절대 하지 않는다는 것을 인정하자.

변하지 않는 약속의 말씀은 하나님이 주실 때의 법칙이고, 또한 반드시 그래야 한다. 더 발전된 주장, 즉 이 법칙에 어긋나는 다른 법칙은 있을 수 없다는 주장에 대해 좀 더 생각해 보자. 상상의 것이든 실제의 것이든, 하나님 약속의 법칙과 충돌을 일으킬 수 있는 다른 법칙은 있을 수 없다.

인과응보의 법칙이 하나님 약속의 법칙과 대치가 될 때도 있지만 이기지는 못한다. "하나님이 나를 구원하실 수 있다고, 혹은 구원하실 것이라고 생각할 수 없습니다.

제 안에는 선한 것이 없기 때문입니다"라고 말하는 사람이 있다. 하나님이 인과응보의 법칙으로 우리에게 행하신다면, 당신의 말은 옳은 것이고 그 두려움은 없어질 수 없다. 그러나 하나님의 아들 예수님을 믿는다면, 그 법칙은 작용하지 않을 것이다. 하나님은 그분의 약속 법칙에 따라 행하시기 때문이다.

약속은 우리의 공로 위에 세워지지 않았다. 그 약속은 은혜로 이루어졌으며 은혜로 유지된다. 만약 벌을 받을 만한 죄의 문제가 어떻게 해결될 수 있는지 묻는다면, 우리를 죄에서 구원하기 위해 오신 예수님을 생각하면 된다. 주 예수님의 무한한 공로가 우리의 계좌로 들어와서 우리의 무서운 죄가 단번에 청산되었다.

공로의 법칙에 의하면 우리가 우리 자신으로만 있다면 멸망을 선고받을 수도 있다. 그러나 믿는 사람은 율법 아래 있지 않고 은혜 아래에 있다. 은혜 아래에서는 위대하신 주님이 약속대로 순전한 은혜로 우리를 대우하신다. 스스로 의로워지지 않도록 하라. 그렇지 않으면 정의가 당신을 정죄할 것이다. "나는 은혜 베풀 자에게 은혜를 베풀고"(출 33:19)라고 말씀하시는 하나님이 주권적인 특권으로 주시는 은혜의 선물인 구원을 기꺼이 받아들여라. 예수 그리스도 안에 드러난 하나님의 은혜를 겸손하게 신뢰하라. 그러면 약속이 당신에게 풍성히 이루어질 것이다. 하나님은 인간의 도덕적 능력의 정도에 따라 사람을 대하지 않으신다. 어떤 구도자는 이렇게 말한다.

"내가 더 나은 사람이 된다면, 좀 더 종교적인 사람이 된다면, 더 큰 믿음을 발휘한다면, 구원받을 수 있을지 모른다고 생각합니다. 그런데 저는 능력이 없습니다. 저는 믿을 수 없습니다. 저는 회개할 수 없습니다. 저는 올바른 일을 행할 수 없습니다."

은혜로우신 하나님은 하나님을 섬기는 우리의 능력에 따라 축복을 약속하신 것이 아님을 기억하라. 하나님은 말씀에 선포된 대로, 하나님 은혜의 부요함에 따라 우리에게 복 주신다고 약속하셨다. 만일 하나님의 선물이 우리의 영적 능력에 따라 주어진다면 우리는 아무것도 받지 못할 것이다. 우리는 하나님 없이는 아무것도 할 수 없기 때문이다. 하지만 약속은 하나님의 무한하신 은혜에 따라 이루어지기 때문에 의심할 여지가 없다. 불신앙 때문에 약속 앞에서 머뭇거려서는 안 된다. 그 대신 약속을 주신 그분이 행하실 수 있음을 기억하자. 하나님의 사랑이 우리의 능력에 따라 제한된다고 오해해서 이스라엘의 거룩하신 하나님을 제한하지 마라.

강물의 크기는 그 강이 지나는 사막의 건조한 정도에 따라 측정되지 않는다. 그 두 가지 사이에는 논리적 비례 관계가 없다. 인간의 연약함 정도에 따라 무한하신 하나님 사랑의 크기를 계산할 수 없다는 것은 쉽게 알 수 있다. 전능자의 은혜는 인간의 능력이나 능력의 부족함으로 제한받지 않는다. 하나님의 능력은 하나님의 약속을 지키실 것이다. 우리의 약함으로 하나님의 약속을 무효화할 수 있는 것도 아니고, 우리의 강함으로 약속을 성취할 수 있는 것도 아니다. 약속을 말씀하신 분이 그 약속을 지키실 것이다. 하나님이 약속을 이루시는 것은 당신이나 내가 상관할 일이 아니다. 그것은 하나님의 소관이지 우리의 소관이 아니다.

가난하고 무력한 사람들이여, 당신이 가진 무능력이라는 무거운 마차를 약속이라는 위대한 엔진에 연결하라. 그러면 의무와 축복의 선로를 따라 인도받을 것이다. 살아 있기보다는 죽은 것 같아도, 강하기보다는 약한 것 같아도 그것은 하나님 약속의 확실성에 영향을 주지 않는다. 약속의 능력은 약속을 주신 분 안에 있다. 그러므로 자기 자신에게서 눈을 돌려 하나님을 바라보라. 어지럽다면 하나님의 약속이라는 가슴 위에서 기절하라. 자신이 죽었다고 생각한다면, 약속의 뼈대가 있는 무덤에 자신을 묻어라. 그러면 그 약속을 만지는 순간 다시 살아날 것이다. 우리가 할 수 있는 일, 혹은 할 수 없는 일은 문제가 되지 않는다. 모든 것은 하나님이 하실 수 있는 일에 달려 있다. 하나님의 약속을 지키려고 애쓰지 않고 우리 자신의 계약을 유지하는 것만으로도 충분하다.

옆 동네에 사는 거지가 빚을 갚을 수 없다고 해서 사람들이 나의 지불 능력까지 의심하는 것은 기분 좋은 일이 아니다. 나 자신을 불신할 만한 중대한 이유가 있다고 해서 어떻게 하나님을 의심하겠는가? 나의 능력은 하나님의 신실하심과는 전혀 다른 별개의 문제다. 그리고 이 두 가지를 혼동하는 것은 애석한 일이다. 우리의 팔이 연약하거나 피곤하기 때문에 하나님의 팔이 점점 짧아진다고 생각해서 하나님의 영광을 가리지 않도록 하자. 우리 감정에 따라 하나님을 평가해서도 안 된다. 이렇게 한탄하는 말을 듣기도 한다.

"제가 구원받을 수 있다는 것이 느껴지지 않습니다. 저의 죄가 용서받을 수 있다는 것이 느껴지지 않습니다. 저의 완악한 마음이 부드러워지고 새로워질 수 있다는 것이 느껴지지 않습니다."

보잘것없고 어리석은 말이다. 이런 문제에서 어떻게 감정이 우리를 인도할 수 있겠는가. 당신은 무덤에 있는 죽은 사람이 부활할 수 있다고 느끼는가? 추운 겨울 뒤에 따뜻한 봄이 올 것이라고 느끼는가? 이것을 어떻게 느낄 수 있는가? 우리는 그것을 그냥 믿는다. 이런 문제에 대해 감정을 논하는 것은 의미가 없다. 의식을 잃어가는 사람이 부활할 것을 느낄 수 있는가? 죽음을 생각하는 것은 그런 상태의 성격이 아니지 않은가? 죽은 몸은 자신이 부활할 것이라고 느끼는가? 느끼는 것은 불가능하다.

하나님은 솔로몬에게 약속하신 대로 지혜를 주셨다. 하나님은 우리의 감정이 어떠하든 하나님이 약속하신 것을 우리에게 주실 것이다. 신명기를 살펴보면 모세가 "너희에게 약속하신 것과 같이"라는 표현을 자주 사용한 것을 볼 수 있다.

너희에게 허락하신 것과 같이_{as he has promised you} 너희에게 복 주시기를 원하노라 _신 1:11

이보다 모세가 이스라엘에 말할 수 있는 더 큰 복은 없다. 거룩한 사람 모세는 지속적인 경외심을 가지고 하나님의 일하심을 보았다. '하나님이 약속하신 대로' 이루어졌기 때문이다. 우리의 경우에도 하나님이 일하시는 법칙은 '하나님이 약속하신 대로'가 될 것이다. 하나님의 은혜를 경험하는 것은 '우리가 지금 느끼는 대로'가 아닌 '하나님이 약속하신 대로'이다.

다른 사람을 위로하기 위해 이렇게 쓰고 있지만, 성격적으로 나는 감정의 기복이 매우 심한 사람임을 고백해야겠다. 하지만 어떻게든 그 감정들을 그리 중요한 것으로 여기지 않는 방법을 배웠다. 무엇보다도 내 마음의 상태에 따라 약속의 진실성을 판단하지 않는다. 오늘은 너무 기뻐서 미리암의 탬버린에 맞추어 춤을 출 수도 있다. 하지만 내일 아침에는 예레미야의 탄식 소리에 맞춰 한숨을 내쉴 수도 있다. 나의 구원이 이러한 감정에 따라 바뀌는가? 그렇다면 그 구원의 기초는 매우 변덕스러운 것임에 틀림없다. 감정은 바람보다도 변덕스럽고, 거품보다도 실체가 없는 것이다. 이런 것으로 하나님의 신실하심을 판단하겠는가? 절대 그렇지 않다. 기압계의 상태에 따라 우리의 기분은 올라갈 수도 있고 내려갈 수도 있다. 그렇게 변하기 쉬운 감정을 믿을 수 있는가? 마치 파도 위에 성전을 짓는 것처럼 하나님은 그 영원하신 사랑을 우리의 감정에 맡기지 않으신다. 우리는 상상이 아닌 사실에 근거하여 구원받는다. 영원한 진리에 의해 구원받았는지 구원받지 않았는지가 증명된다. 그리고 이러한 은혜는 우리의 유쾌한 기분이나 절망에 영향을 받지 않는다. 당신의 감정을 하나님의 신실하심을 시험하기 위한 방편으로 삼지 마라. 그런 행동은 어리석음과 악함이 뒤섞인 것이다. 하나님이 말씀하셨다면 우리가 의기양양하든 낙담해 있든지에 상관없이 그대로 행하실 것이다.

또 하나님은 가능성의 법칙에 따라 주지 않으신다. 우리가 하늘과 땅을 만드신 하나님의 복을 받는 일은 거의 가능성이 없어 보인다. 하지만 우리가 하나님을 믿는다면 마리아가 은혜를 입은 것처럼 우리도 분명히 은혜를 입을 것이다. 만세에 마리아를 복되다 일컬으리라고 하섰다(눅 1:48).

주께서 하신 말씀이 반드시 이루어지리라고 믿은 그 여
자에게 복이 있도다 _눅 1:45

만군의 여호와여 주께 의지하는 자는 복이 있나이다
_시 84:12

오랫동안 죄악에 빠져 있던 죄인이 예수님을 믿음으
로 즉시 새로운 삶을 살게 된다는 것은 있을 수 없는 일
처럼 보인다. 하지만 정말 그렇게 된다. 죄악 가운데 사
는 여자가 "믿는 자는 영생을 가졌나니"(요 6:47)라는 말
씀을 듣자마자 그 말씀을 믿고 즉시 영생을 받는 일은 일
어나지 않을 것 같다. 그럼에도 불구하고 이 사건은 사실
이다.

우리의 하나님은 기적의 하나님이시다. 우리에게 있을
것 같지 않은 일, 불가능한 일이 하나님에게는 일상이다.
하나님은 혹이 있는 낙타를 바늘귀로 통과하게 하실 수
있다. 하나님은 없는 것을 있는 것처럼 부르신다. 당신이

구원받았다는 사실에 웃음이 나는가? 그 웃음이 사래의 불신앙의 웃음이 아니라 아브라함이 기쁨으로 기대했던 웃음이 되게 하라. 예수님을 믿어라. 그러면 내적으로 외적으로 항상 웃게 될 것이다. 의심 때문이 아니라 그 반대의 이유로 웃게 될 것이다. 우리가 하나님을 알 때 기적이 계속해서 일어나고, 우리는 그 기적에 익숙해지기 시작한다. 하나님 은혜의 약속을 믿어라. 믿을 때, 우리는 항상 기적이 일어나는 새로운 세상에서 살게 된다. 단순한 인간적인 판단으로는 정말 있을 것 같지 않은 일을 기대하면서 하나님에 대한 믿음을 갖는 것은 행복하다.

아버지께는 모든 것이 가능하오니 _막 14:36

그래서 하나님이 예수님을 믿는 모든 영혼을 구원하시는 일은 가능하다. 중력의 법칙이 모든 경우에 작용하는 것처럼 하나님의 신실하심의 법칙도 마찬가지다. 하나님이 언약을 지키시는 법칙에는 예외가 없다. 극단적인 경우, 어려운 경우, 불가능한 경우도 하나님 말씀의 범주 안에 포함된다. 그래서 아무도 절망하거나 의심할 필요가 없다. 인간의 한계에 도달했을 때 하나님의 기회는 온다. 상황이 좋지 않을수록 하나님의 도우심은 더 확실해진다. 희망이 없고 무기력한 사람들이여, 하나님을 믿고 그분의 손에 모든 것을 맡겨 드림으로 하나님께 영광을 돌려라. 얼마나 있어야 사람들이 하나님을 믿게 될까?

믿음이 작은 자여 왜 의심하였느냐 _마 14:31

다시는 신실하신 하나님을 불신하지 않겠다고 우리 마음을 정할 수 있다면…….

사람은 다 거짓되되 오직 하나님은 참되시다 _롬 3:4

하나님이 직접 말씀하셨다.

여호와께서 모세에게 이르시되 여호와의 손이 짧으냐 네가 이제 내 말이 네게 응하는 여부를 보리라 _민 11:23

하나님이 분노로 우리에게 말씀하지 않도록 하라. 하

나님이 진지하게 선포하신 말씀은 반드시 이루어진다는 것을 믿고 확신을 갖자. 더이상 서로에게 "무엇이 진리지?"라고 묻지 않도록 하자. 대신에 하나님의 말씀은 확실하며 영원하다는 것을 분명히 알자. 여기 당신을 위한 약속이 있다. 이 말씀을 시험해 보고 진리인지 확인해 보라.

환난 날에 나를 부르라 내가 너를 건지리니 네가 나를 영화롭게 하리로다 _시 50:15

14
약속을 소유하라

여호와를 찬송할지로다 그가 말씀하신 대로 그의 백성
이스라엘에게 태평을 주셨으니 그 종 모세를 통하여 무
릇 말씀하신 그 모든 좋은 약속이 하나도 이루어지지 아
니함이 없도다 _왕상 8:56

소심한 사람들은 하나님의 약속을 자신에게 적용되
는 말씀으로 붙잡는 것을 몹시 어려워한다. 그렇게 좋고
귀한 약속을 붙잡는 것이 뻔뻔스러운 일이 될까 봐 걱정
하는 것이다. 일반적으로 우리가 약속을 붙잡을 만한 믿
음을 가졌다면 그 약속은 우리의 것으로 생각할 수 있
다. 문을 열 수 있는 열쇠를 주신 하나님은 우리가 그 문

을 열고 들어가기를 원하신다. 하나님을 겸손히 믿는 일에 뻔뻔함은 있을 수 없다. 감히 하나님의 말씀에 의문을 제기하는 것이 더 뻔뻔한 것이다. 우리가 약속을 너무 믿어서 실수하는 일은 없을 것이다. 우리가 실패하는 것은 믿음이 지나쳐서가 아니라 부족하기 때문이다. 하나님을 너무 많이 믿는 것은 어려울 수 있다. 하나님을 잘 믿지 않는 일은 두렵게도 너무 일상적이다. "너희 믿음대로 되라"(마 9:29)는 말씀은 하나님이 절대로 철회하지 않을 축복의 말씀이다.

믿는 자에게는 능히 하지 못할 일이 없느니라 _막 9:23

이로 보건대 그들이 믿지 아니하므로 능히 들어가지 못한 것이라 _히 3:19

믿음으로 들어간 사람이 뻔뻔하다고 책망받아 다시 내쫓겼다는 말씀은 하나도 없다. 14장을 시작하면서 언급한 말씀에 의하면, 야곱은 누워서 잠이 들었던 약속의 땅을 소유하게 되었다. 약속 위에 누워서 온전히 편안한 안

식을 누리는 것보다 그 약속을 더 확실하게 소유할 방법
은 없다.

네가 누워 있는 땅을 내가 너와 네 자손에게 주리니
_창 28:13

내가 말씀을 진리로 인정하고 말씀대로 행할 때 이 약
속이 나에게 이루어지는 것을 얼마나 자주 깨닫는지 모
른다. 나는 소파에 눕는 것처럼 그분의 약속 위에 누워
나 자신을 하나님의 손에 맡긴다. 그러면 달콤한 평안이
내 영혼에 스며든다. 하나님을 확신할 때 영혼의 소원이
이루어진다. 기도로 은혜를 구하는 사람들에게 주시는
하나님의 약속은 그렇게 이루어진다.

구하는 것은 받은 줄로 믿으라 그리하면 너희에게 그대
로 되리라 _막 11:24

이 말씀은 사실이다. 이 말씀은 믿음에 의한 것이다.
믿음으로 "이 약속은 내 것이야"라고 선포하면 곧바로 그

약속은 우리의 것이 된다. 우리는 보는 것이나 감각이 아닌 믿음으로 약속을 받는다.

하나님의 약속은 이 성도 혹은 저 성도만의 사적인 재산으로 갇혀 있지 않다. 하나님의 약속은 하나님의 영역 안에 사는 모든 사람에게 개방되어 있다. 할 수만 있다면 별을 소유하고, 태양과 달을 개인의 부동산으로 삼고 싶은 사람들이 분명히 있을 것이다. 이런 탐욕은 약속 주위에 울타리를 치는 것이다. 하지만 그런 일은 불가능하다. 구두쇠라면 지저귀는 새 주위에 울타리를 치고 종달새와 개똥지빠귀의 노래를 자기 재산이라고 주장할지도 모른다. 하나님의 약속이 자기 것만 된다는 주장은 이와 같다. 아무리 최고의 성인이라도 그들이 간절히 원한다고 해서 하나님 은혜의 말씀을 단 한 구절도 자물쇠로 잠가 둘 수는 없다. 약속은 "이 약속은 너희와 너희 자녀"뿐만 아니라 "모든 먼 데 사람 곧 주 우리 하나님이 얼마든지 부르시는 자들에게 하신 것"(행 2:39)이다. 이 말씀이 얼마나 위로가 되는지. 우리 모두에게 주신 권리를 취하자. 그리고 하나님이 소금 언약으로 우리에게 주신 것을 믿음으로 소유하자.

야곱에게 하신 말씀은 모든 믿는 사람에게 동일하게 적용된다. 호세아는 "천사와 겨루어 이기고 울며 그에게 간구하였으며 하나님은 벧엘에서 그를 만나셨고 거기에서 우리에게 말씀하셨나니"(호 12:4)라고 말한다. 하나님이 야곱에게 말씀하셨을 때 우리에게도 말씀하셨다. 하나님이 홍해에서 보여 주셨던 기적은 하나님의 모든 백성을 위한 것이었다. 그래서 "우리가 거기서 주로 말미암아 기뻐하였도다"(시 66:6)라는 말씀이 있다. 사실 우리는 그곳에 있지 않았지만, 이스라엘의 승리로 인한 기쁨은 우리의 것이기도 하다. 사도는 하나님이 여호수아에게 하신 말씀을 마치 하나님의 모든 자녀에게 하신 것처럼 인용한다.

그가 친히 말씀하시기를 내가 결코 너희를 버리지 아니하고 너희를 떠나지 아니하리라 하셨느니라 _히 13:5

사실 하나님이 개인을 축복하기 위해 어떤 말씀을 처음 하시고 나서 그 경우로만 그 말씀을 끝내신 적이 없다. 모든 약속은 은혜의 보좌 앞에서 그 약속을 받을 만한, 그 약속을 주장할 만한 믿음이 있는 사람이라면 누구에게나 주시는 것이다. 하나님이 하나님을 믿는 사람들에게 어떤 분이 되실지는 사람들의 상황과 필요에 따라 달라질 것이다.

성경은 은혜의 말씀을 말할 때, 우리 각자를 바라보고 있다. 뱁톤 강좌 Bampton Lecture(존 뱁톤의 후원으로 옥스포드 대학에서 8년 동안 1년에 한 번 강의를 하도록 한 제도. 강의 내용은 기독교 신앙 교리를 성경과 교부들의 권위를 기반으로 설명하고 수호하는 것이었다–편집자)의 강사가 이에 대해 잘 말해 주었다.

"우리 자신, 바로 우리 같은 사람이 바로 성경이 말하는 사람들이다. 그리고 모든 설득력 있는 다양한 형태로 말씀은 하늘의 것임에도 불구하고 겸손하게 우리에게 호소한다. 주목할 점은 그런 서술 방법과 넓은 범위를 가진 책이, 마치 우리가 어디에 있든 한결같이 우리에게 시선이 고정된 초상화처럼 어떻게 그런 융통성 있는 능력과 안목을 가지게 되었는가 하는 점이다."

하나님 말씀의 눈, 우리가 어디를 가든
우리를 보고 계시고,
당신의 부드러운 시선은
우리의 깊은 괴로움을 통찰하시고,
마음에 얽힌 모든 것을 풀어 주시네.
이는 무슨 말씀인가?
언제부터 당신은 나를 알고 계시는가?
겸손한 마음은 큰 놀라움으로 소리치고,
당신에게서 깊은 비밀을 듣는 것,
지식 그 자체를 알려 주시네.

수천 세대에 걸쳐 말씀을 믿는 사람들에게 말씀이 개별적인 인격성을 갖는다는 것은 말씀이 가진 가장 위대한 매력 중 하나이며, 성경이 성령의 감동으로 된 것이라는 가장 확실한 증거이기도 하다. 우리는 성경을 오래된 연감年鑑으로 생각하지 않으며, 새롭고 참신하고 이 시대에 적합한 현재를 위한 책으로 인정한다. 우리의 조상들이 그 당시에 받았던 말씀 안에 바래지 않은 새로움이 있으며 그 안에 영원한 감미로움이 있다. 하나님께 영광을!

우리는 여전히 그 말씀을 누리고 있다. 말씀을 누리지 못한다면 우리 자신밖에는 탓할 사람이 없다.

아브라함의 우물은 이삭과 야곱 그리고 수천 세대에 걸쳐 사용되었다. 오라, 우리의 양동이를 내려놓고, 기쁨으로 오래된 구원의 우물에서 물을 길어 올리자. 이 우물은 우리의 조상들이 하나님을 믿고 구원받았던 그 옛날에 만들어진 것이다. 우리가 미신에 사로잡히고 속는 것은 아닌지 두려워할 필요가 없다. 하나님의 약속은 약속을 믿는 모든 사람을 위한 것이다. 믿음은 그 자체로 신뢰할 만한 보증이다. 그 약속이 수백 번 성취된 이후에도 약속의 말씀은 여전히 유효하다. 우리는 몇 번이고 초원에 있는 수원水源에 몸을 숙이고, 시원한 물을 단숨에 들이킬 수 있다. 그 물은 풍부하고 하물며 공짜다. 그리고 처음 그 물을 마셨을 때와 똑같은 확신을 가지고 오늘도 마실 수 있다. 몇 번이고 약속을 잘 지키는 사람은 별로 없다. 사람들에게 그런 것을 기대하는 일은 무리일 수 있다. 사람이 어항이라면 하나님은 샘물이시다. 나의 모든 신선한 샘물은 하나님 안에 있다.

와서 야곱을 본받자. 야곱이 땅 위에 자기 몸을 누이고 그곳의 돌을 베개로 취한 것처럼 우리도 그렇게 하자. 여기 침대로 삼을 성경이 있다. 베개로 삼을 수 있는 약속들이 있다. 당신의 짐을 그 위에 내려놓고, 당신 자신도 내려놓아라. 그리고 안식을 취하라. 보라, 성경과 성경의 약속들이 지금부터 당신의 것이다.

네가 누워 있는 땅을 내가 네게 주리니 _창 28:13

15

약속 증서에 배서하라

나는 내게 말씀하신 그대로 되리라고 하나님을 믿노라

_행 27:25

바울은 특별한 약속을 받았다. 그리고 그 약속에 대한 믿음을 공개적으로 인정했다. 바울은 하나님이 약속의 모든 세세한 사항을 이루실 것을 믿었다. 그렇게 바울은 하나님이 참되시다는 것을 인정했다. 우리 각자의 경우에 맞게 주신 하나님 말씀에 대해 우리도 이렇게 해야 한다. 이것이 바로 내가 제목에서 말한 '약속 증서에 배서하라'는 뜻이다.

한 친구가 보육원 사역을 위해 나에게 수표를 기부했

다. 그 수표에는 이렇게 쓰여 있다.

"C. H. 스펄전의 지급 요청에 따라 지불할 것, 금액 10파운드."

그의 이름도 유효하고, 그 은행도 유효하다. 하지만 내가 그 수표에 배서하기 전에는 친구의 따뜻한 친절함을 누리지 못한다. 매우 간단한 행동으로 유익을 얻을 수 있다. 내 이름을 서명하면 은행 직원이 내게 돈을 지불한다. 하지만 내가 서명하지 않으면 안 된다.

내 이름보다 고귀한 이름은 많다. 하지만 어떤 이름도 내 이름을 대신할 수 없다. 내가 여왕의 이름을 쓴다고 해도 내게 아무 유익이 되지 않는다. 영국의 재무장관이 그 수표 뒤에 서명해도 헛수고일 뿐이다. 내가 내 이름을 써넣어야 한다. 각 개인도 하나님의 약속을 개인적으로 인정하고, 받아들이고, 자기 믿음으로 그 약속에 서명해야 한다. 그렇지 않으면 그 약속으로 인한 어떤 유익도 얻지 못할 것이다.

은행에 경의를 표하려고 밀턴John Milton, 1608~1674년의 시를 쓴다 해도, 고아들을 위한 너그러운 후원자에게 감사를 표하려고 테니슨 Alfred Tennyson, 1809~1892년을 능가하는 시를 쓴다 해도, 아무 유익이 없을 것이다. 인간과 천사의 최상의 언어도 전혀 인정받지 못한다. 절대적으로 필요한 것은 수혜자로서 당사자의 이름을 서명하는 것뿐이다. 예술적인 그림체로 수표 뒷면에 멋있는 그림을 그려도 아무 도움이 되지 않는다. 단순명료하게 직접 쓴 이름만 필요할 뿐이다. 그 이름을 대신해서 인정받을 방법은 없다. 우리는 각각의 약속을 개인적으로 믿고, 그 약속이 진실임을 알고 있다고 선포해야 한다. 그렇지 않으면 그 약속은 우리에게 어떤 축복도 주지 않을 것이다. 선한일, 의례적인 행동, 열정적인 감정도 이 단순한 확신을 대신할 수 없다.

하나님께 나아가는 자는 반드시 그가 계신 것과 또한 그가 자기를 찾는 자들에게 상 주시는 이심을 믿어야 할지니라 _히 11:6

어떤 것은 있을 수도 있고 없을 수도 있지만, 이 믿음은 반드시 있어야 한다. 약속은 이런 것이라고 말할 수있다.

"영생의 축복에 대해 나를 믿게 될 모든 죄인의 지급 명령에 따라 지불하기로 나는 약속합니다."

죄인은 그 증서 뒷면에 반드시 자기 이름을 서명해야 한다. 그 밖에 해야 할 일은 아무것도 없다. 약속을 믿고, 믿음을 가지고 은혜의 보좌 앞으로 나아가 자기에게 보장된 은혜받기를 기대하면 된다. 그는 분명히 그 은혜를 받을 것이다. 은혜받지 못하는 일은 결코 없을 것이다. "아들을 믿는 자에게는 영생이 있고"(요 3:36)라고 성경이 증언하기 때문이다.

바울은 함께 배에 탄 사람들이 모두 무사하리라고 믿었다. 하나님이 그렇게 약속하셨기 때문이다. 바울은 안전에 대한 하나님의 약속을 사실로 받아들였고 그에 따라 행동했다. 바울은 폭풍 중에도 침착했고, 배에 탄 사람들에게 음식 먹는 문제에 대해 사려 깊고 분별력 있는 조언을 했다. 그리고 풍랑에서 안전하게 벗어날 것을 확신하는 사람처럼 모든 문제를 처리했다. 하나님이 바울을 대하는 것처럼, 바울도 의심 없는 확신으로 하나님을 대했다.

정직한 사람은 신뢰받기를 좋아한다. 만약 자신이 의

심받는다고 느끼면 상심할 것이다. 우리의 신실하신 하나님은 영광받기를 기뻐하신다. 그래서 하나님이 틀릴 수도 있다는 식으로 사람들이 행동하는 것을 참지 못하신다. 불신앙은 어떤 죄보다도 하나님을 화나게 한다. 불신앙은 하나님이 중요하게 여기는 것을 건드리고, 하나님을 몹시 화나게 하는 일이다. 우리의 하늘 아버지에게 그렇게 나쁜 죄를 범하지 않도록 하자. 하나님의 말씀을 온 마음으로 신뢰하는 데 제한을 두지 말고, 철저하게 하나님을 신뢰하자.

바울은 약속에 대한 자신의 믿음을 공개적으로 인정했다. 우리도 그렇게 해야 한다. 바로 지금, 하나님의 진리에 대한 담대하고 솔직한 증언이 정말 필요하다. 그리고 그 증언은 일곱 배의 가치가 있음이 증명될 것이다. 분위기는 의심으로 가득하다. 진정으로 실제로 믿는 사람은 거의 없다. 2천 명의 어린이를 돌보면서 하나님을 믿었던 조지 뮬러George Muller, 1805~1898와 같은 사람은 드물다.

그러나 인자가 올 때에 세상에서 믿음을 보겠느냐 하시니라 _눅 18:8

그러므로 크게 선포하자. 불신앙이 우리를 대적하고 있다. 어느 누구도 마음으로 하나님을 저버리지 않도록 하자. 실제 경험이라는 물맷돌과 돌멩이를 가지고, 단호한 증언을 가지고 거인과 맞서자. 하나님은 약속을 지키시고, 우리는 그것을 잘 알고 있다. 하나님의 모든 약속 하나하나에 담대히 서명하자. 필요하다면 우리의 피로 서명하자. 하나님 말씀은 영원하다. 이에 대해 하나님의 이름으로 부르심 받은 우리는 모두 담대한 증인이다.

16
현재의 삶을 위한 약속

경건은 범사에 유익하니 금생과 내생에 약속이 있느니라

_딤전 4:8

　일종의 허식 때문에 어떤 그리스도인들은 신앙의 범위 안에 일상생활의 일반적인 장소가 포함되지 않는 것처럼 신앙생활을 한다. 이들에게 신앙은 초월적이고 꿈같은 것이다. 사실의 문제이기보다는 경건한 허구를 창조한 것에 가깝다. 그들은 그런대로 영적인 것을 위해, 내생을 위해 하나님을 믿는다. 하지만 참된 경건에는 내세에 대한 약속뿐만 아니라 이생에 대한 약속도 포함된다는 것을 완전히 잊고 있다. 일상을 이루는 소소한 문제에 대해 기도하는 것을 그들은 신성모독인 것처럼 생각할 것이다. 내가 이것 때문에 그들의 믿음의 진실성을 의심해 봐야 한다고 하면 그들은 깜짝 놀랄 것이다. 일상생활 속의 작은 문제들에 관해 믿음의 도움을 받을 수 없다면, 죽음이라는 큰 시련을 겪을 때 어떻게 도움을 받을 수 있을까? 음식이나 옷과 같은 문제에 관해 믿음이 도움이 될 수 없다면, 영원한 영혼의 문제에 관해서는 어떤 도움이 될 수 있을까?

아브라함의 인생을 보면, 그의 믿음은 이 세상에서 순례자 같은 삶의 모든 사건과 관련이 있음을 알 수 있다. 다른 나라로의 이주, 자신의 장막에서 조카를 내보냄, 침입자들과 싸움, 특히 오랜 약속의 아들이 태어남, 이 모든 일에 믿음이 관련되어 있었다. 아브라함 인생의 어떤 부분도 하나님에 대한 믿음의 범주 밖에 있는 것은 하나도 없었다. 아브라함이 인생의 종말을 향해 갈 때, "아브라함이 나이가 많아 늙었고 여호와께서 그에게 범사에 복을 주셨더라"(창 24:1)고 성경은 기록한다. '범사'에는 영적인 것뿐만 아니라 세상적인 것도 포함된다.

야곱의 경우에 하나님은 야곱에게 먹을 빵, 입을 옷,

평안히 아버지의 집으로 돌아오게 한다는 것을 약속해 주셨다. 이 모든 것은 일시적이고 세상적인 성격의 문제들이다. 분명히 이 첫 번째 믿음의 사람들은 언약으로 인한 현재의 복을 분리하지 않았고, 하나님 믿는 것을 비현실적이고 신비스러운 문제로 여기지도 않았다. 우리는 그들의 삶에 세속적인 것과 거룩한 것 사이의 경계선이 분명하지 않은 것에 주목해야 한다. 그들은 순례자처럼 여행하고, 십자군처럼 싸우고, 성자처럼 먹고 마시고, 제사장처럼 살고, 예언자처럼 말했다. 그들에게 삶은 신앙이었고, 신앙은 곧 삶이었다. 그들은 좀 더 중요한 문제에 대해서 뿐만 아니라, 모든 일에 대해서 하나님을 믿었다. 그래서 그들 집안의 하인도 심부름 가면서 기도했다.

> 내 주인 아브라함의 하나님 여호와여 만일 내가 행하는 길에 형통함을 주실진대 _창 24:42

정말 순전한 믿음이다. 그 믿음을 본받고, 더이상 약속의 실체와 믿음생활을 단순히 감상적이고 꿈같은 공상으로 사라지지 않게 하는 것이 우리가 해야 할 일이다. 하나님을 믿는 것이 어떤 일에든 좋은 것이라면, 약속의 범주에 속한 모든 것에 유익할 것이다. 그리고 현재의 삶이 그 영역 안에 있다는 것은 확실하다.

다음과 같은 하나님의 말씀에 주의를 기울이고, 실제로 사용해 보기를 권한다.

네 하나님 여호와를 섬기라 그리하면 여호와가 너희의 양식과 물에 복을 내리고 너희 중에서 병을 제하리니
_출 23:25

여호와를 의뢰하고 선을 행하라 땅에 머무는 동안 그의 성실을 먹을거리로 삼을지어다 _시 37:3

이는 그가 너를 새 사냥꾼의 올무에서와 심한 전염병에서 건지실 것임이로다 그가 너를 그의 깃으로 덮으시리니 네가 그의 날개 아래에 피하리로다 그의 진실함은 방패와 손 방패가 되시나니 너는 밤에 찾아오는 공포와 낮에 날아드는 화살과 어두울 때 퍼지는 전염병과 밝을 때 닥쳐오는 재앙을 두려워하지 아니하리로다 천 명이 네

왼쪽에서, 만 명이 네 오른쪽에서 엎드러지나 이 재앙이
네게 가까이 하지 못하리로다 _시 91:3-7

여섯 가지 환난에서 너를 구원하시며 일곱 가지 환난이
라도 그 재앙이 네게 미치지 않게 하시며 _욥 5:19

오직 공의롭게 행하는 자, 정직히 말하는 자, 토색한
재물을 가증히 여기는 자, 손을 흔들어 뇌물을 받지 아
니하는 자, 귀를 막아 피 흘리려는 꾀를 듣지 아니하는
자, 눈을 감아 악을 보지 아니하는 자, 그는 높은 곳에
거하리니 견고한 바위가 그의 요새가 되며 그의 양식은
공급되고 그의 물은 끊어지지 아니하리라 _사 33:15-16

여호와 하나님은 해요 방패이시라 여호와께서 은혜와 영
화를 주시며 정직하게 행하는 자에게 좋은 것을 아끼지
아니하실 것임이니이다 _시 84:11

너를 치려고 제조된 모든 연장이 쓸모가 없을 것이라 일
어나 너를 대적하여 송사하는 모든 혀는 네게 정죄를 당

하리니 이는 여호와의 종들의 기업이요 이는 그들이 내게서 얻은 공의니라 여호와의 말씀이니라 _사 54:17

우리의 구원자인 하나님의 목적은 믿음이 일상적인 걱정을 해결하는 결정타가 되는 것이다. 그렇지 않다면 이렇게 말씀하지 않았을 것이다.

그러므로 내가 너희에게 이르노니 목숨을 위하여 무엇을 먹을까 무엇을 마실까 몸을 위하여 무엇을 입을까 염려하지 말라 목숨이 음식보다 중하지 아니하며 몸이 의복보다 중하지 아니하냐 공중의 새를 보라 심지도 않고 거두지도 않고 창고에 모아들이지도 아니하되 너희 하늘 아버지께서 기르시나니 너희는 이것들보다 귀하지 아니하냐 _마 6:25-26

예수님이 다음과 같은 말씀을 하셨을 때, 세상적인 문제에 대해 믿음을 행사하는 것이 아니라면 어떤 의미로 말씀하실 수 있었을까?

너희는 무엇을 먹을까 무엇을 마실까 하여 구하지 말며 근심하지도 말라 이 모든 것은 세상 백성들이 구하는 것이라 너희 아버지께서는 이런 것이 너희에게 있어야 할 것을 아시느니라 _눅 12:29-30

바울이 "아무 것도 염려하지 말고 다만 모든 일에 기도와 간구로, 너희 구할 것을 감사함으로 하나님께 아뢰라 그리하면 모든 지각에 뛰어난 하나님의 평강이 그리스도 예수 안에서 너희 마음과 생각을 지키시리라"(빌 4:6-7)고 말했을 때도 같은 의미다.

우리를 위해 천국을 예비하러 가신 예수님은 우리가 저쪽 세상으로 여행하는 데 필요한 것을 주시지 않은 채 우리를 내버려두지 않는다. 마치 교황이 잉글랜드를 스페인 왕에게 줄 때 "그 땅을 얻을 수 있다면……"이라고 말했던 것처럼 하나님은 우리에게 천국을 주시지 않는다. 하나님은 목적지뿐만 아니라 그곳으로 가는 길도 준비해 주신다.

세상적인 필요도 영적인 필요만큼이나 실제적이다. 우리는 하나님이 그 필요를 공급해 주신다는 것을 확실히 믿을 수 있다. 하나님은 약속, 기도, 믿음의 방법으로 공급해 주실 것이다. 그리고 이것을 우리를 훈련하기 위한 방법으로 삼으신다. 하나님은 광야의 경험으로 우리가 가나안에 적응할 수 있도록 하실 것이다.

하나님이 자신을 낮추시고 세상적인 일들이 하나님께 너무 하찮은 일이라고 생각한다면, 하나님이 참새가 나는 것을 지켜보고 계시며, 백성의 머리카락을 세고 계신다는 것을 잊고 있는 것이다. 한편으로 모든 일은 하나님께 너무 작은 일이다. 하나님이 그 작은 일들을 돌보지 않는다면, 하나님께서 돌보실 일은 아무것도 없다.

누가 크기나 무게로 크고 작은 일을 구분할 수 있겠는가? 역사의 전환점은 일순간의 상황일 수 있다. 하나님에게는 아무것도 하찮지 않다고 생각하는 사람은 복이 있다. 분명히 우리를 슬프게 하거나 위험에 빠뜨리는 일이라면 어떤 것도 하찮은 것이 아니다.

어떤 성도가 열쇠를 잃어버렸다. 그는 그 일로 기도하고 열쇠를 찾았다. 그는 그 일을 이상하게 생각했다. 하지만 그것은 전혀 이상한 일이 아니다. 어떤 사람들은 모든 일에 대해 기도하고 나서 하나님의 말씀과 기도로 극히 작은 일들이 거룩해질까 봐 전전긍긍한다. 그러면 우리의 양심에 조금이라도 문제가 되는 사소한 일들을 품지 말고 다 버려야 하기 때문이다. 우리 하나님이 천사를 보내서 우리의 발을 거리의 돌들로부터 지키게 하셨을 때, 우리는 하나님이 우리 삶의 모든 세부적인 사항을 하늘의 보호하심 아래 두셨다는 것을 확신하고, 하나님의 보호하심에 모든 것을 기쁘게 맡긴다.

모든 시련 중에도 그리스도 안에서 지속적인 평화를 누리는 것, 그리스도를 통해 현재의 삶과 경건에 필요한 모든 것을 하나님께 얻을 수 있는 기도의 능력을 갖는 것은, 현재 주시는 은혜 중에서 영원한 기적 가운데 하나다. 고아와 학생들을 돌보는 일을 하면서 세상적인 필요에 대해 하나님을 수백 번 시험한 것은 나의 운명이었다. 나는 수백 번이나 기도 덕분에 필요한 대로 공급받을 수 있었고, 심각한 어려움을 해결할 수 있었다. 나는 믿음이 지갑을 채울 수 있고, 먹을 양식을 줄 수 있고, 굳은 마음을 변화시킬 수 있고, 건물 지을 장소를 마련해 줄 수 있고, 병을 고칠 수 있고, 반항심을 진정시킬 수 있고, 전염병을 피하게 할 수 있음을 알고 있다. 세상 사람의 손에 있는 돈처럼, 하나님의 사람의 손에 있는 믿음은 '범사에 이용'(전 10:19)된다.

하늘과 땅, 그리고 땅 아래에 있는 모든 것은 기도의 명령에 응답한다. 믿음은 꽥꽥거리는 소리로 모방할 수 없고, 위선으로 흉내낼 수 없다. 그러나 실질적이고 확고하게 하나님의 약속을 붙잡을 때, 믿음은 위대한 기적을 일으킨다. 나는 당신이 삶의 모든 문제에서 하나님을 의지하고 신뢰하기를 간절히 원한다. 그렇게 할 때 새로운 세상으로 나아가게 될 것이고, 의심하고 경멸하며 비웃었던 우리의 거룩한 믿음의 진리에 대한 확실한 증거를 얻게 될 것이다.

하나님에 대한 어린아이와 같은 믿음 때문에 신실한 마음을 가진 사람들은 실제적인 신중함을 갖추게 된다. 나는 이것을 '성화된 상식'이라고 말한다. 단순한 마음을 가진 성도들은, 바보처럼 웃고 있는 것 같아도 위로부터 내려오는 지혜가 있다. 그래서 악한 사람들의 간교를 능력 있게 무력화시킨다. 순전한 성도들의 똑바르고 직설적인 태도만큼 사악한 대적을 당황하게 만드는 것은 없다.

하나님을 믿는 사람은 나쁜 소식을 두려워하지 않는

다. 그의 마음은 하나님을 신뢰하는 가운데 평온하게 안정되어 있기 때문이다. 수천 가지 방법으로 이 믿음은 삶을 아름답게 하고, 확장하고 풍요롭게 한다.

사랑하는 독자들이여, 한번 시도해 보라. 그리고 측량할 수 없이 부요한 축복을 주시지 않는지 확인해 보라. 믿음이 있다고 해서 어려움을 면할 수는 없다. 약속의 말씀은 "이것을 너희에게 이르는 것은 너희로 내 안에서 평안을 누리게 하려 함이라 세상에서는 너희가 환난을 당하나 담대하라 내가 세상을 이기었노라"(요 16:33)는 것이기 때문이다. 하지만 믿음이 있으면 환난 중에도 기뻐할 수 있다. "환난은 인내를, 인내는 연단을, 연단은 소망을 이루는 줄 앎이로다 소망이 우리를 부끄럽게 하지 아니함은 우리에게 주신 성령으로 말미암아 하나님의 사랑이 우리 마음에 부은 바 됨이니"(롬 5:3-5)라고 말씀하시기 때문이다.

나의 믿음은 하늘로 날아갈 뿐만 아니라
이곳에서 하나님과 동행하네.
이리저리로 다니는 동안

모든 일상적인 것을 나에게 주시네.

약속은 위의 세상을 말하지만

그것만 말하지는 않는다네.

지금 사랑으로 나를 먹이고 입히네.

그리고 이 세상을 나의 것으로 만드네.

나는 하나님을 믿고,

하나님은 크고 작은 모든 일에 응답하시네.

하나님은 즉각적인 공급하심으로

믿음을 영광스럽게 하시고,

믿음은 모든 것에서 하나님을 영광스럽게 하네.

17
약속을 찾아라

주께서 이 좋은 것을 주의 종에게 말씀하셨사오니

_삼하 7:28

다윗왕은 하나님이 자신에게 주시기로 약속한 것이 무엇인지 알았다. 그리고 그것을 자신의 기도에서 '이 좋은 것'이라고 특별히 언급한다. 우리는 기도할 때 더 명확해야 한다. 우리는 실제로는 아무것도 구하지 않는 방법으로 모든 것을 간구하고 있다. 우리는 원하는 것이 무엇인지 알아야 한다. 우리 주님은 맹인에게 "네게 무엇을 하여 주기를 원하느냐"(막 10:51)고 물으셨다. 예수님은 맹인이 자신의 필요를 깨닫기 원하셨다. 그리고 그 필요에 대해 간절한 소원으로 충만해지기를 원하셨다. 이 두 가지는 기도를 구성하는 귀중한 요소다.

우리에게 필요한 것을 알았다면, 그다음에 할 일은 하나님이 구체적인 축복을 약속하신 말씀을 찾는 것이다. 그렇게 할 때 큰 확신을 가지고 하나님 앞에 나아가 하나님의 말씀을 이루어 주시도록 간구할 수 있다. 이 때문에 우리는 부지런히 성경을 살피면서 우리와 비슷한 다른 사람들의 경우를 많이 찾아보고, 현재 상황에서 우리에게 적합한 하나님의 은혜가 구체적으로 언급된 부분을 발견하기 위해 노력해야 한다. 경우에 맞게 약속이 정확하게 일치할수록 그 말씀이 주는 위로도 클 것이다. 이 과정에서 성도들은 완전하고 언어적 영감inspiration의 가치를 배우게 될 것이다. 각각의 경우에서 우리는 명사 단복수와 같은 사소한 문제도 깊이 생각해야 한다. 바울은 아브라함에게 주신 약속을 인용하면서 이렇게 말했다.

> 이 약속들은 아브라함과 그 자손에게 말씀하신 것인데 여럿을 가리켜 그 자손들이라 하지 아니하시고 오직 한 사람을 가리켜 네 자손이라 하셨으니 곧 그리스도라 _갈 3:16

영감으로 기록된 성경의 어느 페이지에 각 경우에 적합한 약속이 있다고 확신할 수 있다. 하나님이 수없이 다양한 상황에 맞게 각각의 계시를 주시는 것에서 하나님의 무한한 지혜가 드러난다. 아무리 색다른 것이라도 단 하나의 시련도 그냥 지나치지 않으신다. 지구상의 모든 생명체를 위한 특별한 음식이 있는 것처럼 영감으로 쓰인 성경에는 하나님의 모든 자녀를 돕기 위한 딱 맞는 말씀이 있다. 우리에게 딱 맞는 약속을 찾지 못한다면 우리가 그 말씀을 아직 찾지 않았거나, 찾지 못했거나, 그 말씀을 찾았어도 온전한 의미를 이해하지 못했기 때문이다.

여기에서는 우리에게 친숙한 비유가 유용할 듯하다. 당신은 벽장의 열쇠를 잃어버렸다. 가지고 있는 모든 열쇠를 시도해 본 후에 열쇠 수리공을 부른다. 수리공은 모든 종류의 다양한 크기의 열쇠 꾸러미를 가지고 온다. 당신에게 그 열쇠 꾸러미는 한 묶음의 녹슨 도구로밖에 보이지 않는다. 수리공은 자물쇠를 살펴보고, 열쇠를 넣어 본 후에 다른 열쇠로 시도해 본다. 문은 아직 열리지 않았고, 당신의 보물은 당신의 손이 닿을 수 없는 곳에 있다. 이제 수리공은 비슷한 열쇠를 찾았다. 거의 열릴 뻔

했지만 딱 맞지는 않는다. 수리공은 확실히 올바른 방향으로 열쇠를 찾고 있다. 마침내 벽장이 열린다. 정확하게 맞는 열쇠를 찾았기 때문이다.

이 예는 힘든 상황에 대한 정확한 묘사다. 당신은 어려움을 올바로 해결하고 행복에 이르는 길을 찾으려고 하는데 문제의 해결책을 찾을 수 없다. 기도는 하지만 자신이 원하는 기도를 하지 못한다. 당신에게는 명확한 약속이 필요하다. 당신은 영감 있는 말씀을 계속해서 하나씩 시도해 본다. 하지만 그 말씀은 잘 맞지 않는다. 당신은 괴로워하면서 그 말씀이 지금 겪고 있는 상황에 정확하게 적용되지 않는 이유를 생각해 본다. 그래서 그 말씀은 다른 날 사용할 수 있도록 성경에 남겨둔다. 그 말씀은 현재 위기에는 적용되지 않기 때문이다. 다른 말씀을 시도해 본다. 그리고 때가 되면 약속이 자기 모습을 드러내고, 그 약속은 이 경우에 맞는 것처럼 보인다. 그 약속의 말씀은 잘 만들어진 열쇠가 원래 짝인 자물쇠의 홈에 딱 맞는 것처럼 정확하게 맞는다. 자신에게 맞는 살아 계신 하나님 말씀을 찾았기 때문에 당신은 서둘러서 은혜의 보좌 앞에 나가 그 말씀대로 기도한다.

"나의 하나님, 하나님이 이 좋은 것을 당신의 종에게 약속하셨습니다. 그것을 기쁘게 주시기 원합니다."

문제는 해결되고 슬픔은 기쁨으로 변할 것이다. 그리고 기도는 응답될 것이다.

성령님은 우리가 잊고 있을지 모르는 생명과 능력의 말씀을 자주 기억나게 하신다. 또 우리가 잘 기억하고 있는 말씀을 새롭게 조명해 주시고, 우리가 조금 미심쩍어 하는 말씀의 온전한 의미를 보여 주신다. 내가 알고 있는 경우를 보면, 말씀이 독특하고 그 말씀에 감동받은 사람도 일정 기간 그 의미를 잘 알지 못하는 경우가 있다.

수년 동안 "그의 영혼은 평안히 살고 그의 자손은 땅을 상속하리로다"(시 25:13)는 말씀에 위로받은 사람이 있었다. 이 말씀은 좀처럼 그의 마음을 떠나지 않았다. 정말 그 말씀이 계속해서 그의 귀에 속삭여지는 것 같았다. 이 약속의 말씀이 자기 삶에 어떤 특별한 의미가 있는지는 나중에 특정한 사건으로 알게 되었다. 수년 동안 불모지와 같은 삶 때문에 고통스러워했던 하나님의 자녀가 잘 인용되지 않는 다음의 말씀으로 단숨에 기쁨과 평화를 얻게 되었다.

내가 메뚜기가 먹은 햇수대로 너희에게 갚아 주리니

_욜 2:25

다윗이 중상모략과 악의 때문에 겪었던 쓰디쓴 경험은
위로의 약속을 고백하는 것으로 이어진다. 이 약속의 말
씀은 '희롱의 시험'(히 11:36)으로 괴로워할 때, 어둡고 상
한 마음의 그리스도인들이 수천 번 인용하고 있다. 이런
과정이 끝나기 전에 우리는 성경의 모든 문장이 한 성도
혹은 다른 성도의 삶에 의해 증명된다는 것을 의심하면
안 된다. 아마도 조금 모호하고 잘 이해되지 않는 약속의
말씀도 누군가를 위해 특별히 기록되었으며 그 누군가가
그 말씀을 사용하기 전까지는 여전히 기다리고 있을 것
이다. 다시 말해, 어떤 자물쇠에 맞는 녹슨 열쇠 하나가
아직 발견되지 않은 채 열쇠 꾸러미에 있는 것이다. 하
지만 교회의 역사가 끝나기 전에 그 열쇠를 찾게 될 것이
다. 우리는 그렇게 확신할 수 있다.

현재의 어려움을 해결할 하나님의 말씀이 바로 가까
이에 있는데 우리가 아직 깨닫지 못하는 것일 수 있다.
인간의 경험에 대한 남다른 지식으로 존 번연John Bunyan,

1628~1688년은 '의심의 성'에 갇힌 사람이 자신의 가슴에서 '약속'이라는 열쇠를 찾아내는 장면을 묘사한다. 이 약속의 열쇠로 어두운 감옥의 모든 문을 열 수 있었다. 우리가 갇혀 있을 때, 온전한 자유를 얻을 수 있는 방법이 우리에게 모습을 드러내기도 한다. 하갈처럼 우리가 눈을 뜨기만 하면, 바로 가까이에 우물이 있는 것을 보고 왜 내가 목마름 때문에 죽을 생각을 했는지 놀라게 된다.

시험당하는 형제들이여, 바로 지금 당신을 기다리는 하나님의 말씀이 있다. 아침 일찍 만나가 내려 이스라엘 백성이 일어나자마자 주울 수 있도록 준비되었던 것처럼, 하나님의 약속도 당신이 오기만을 기다리고 있다. 은혜의 소와 살찐 송아지가 드려지고, 곧바로 당신에게 위로를 주기 위한 모든 것이 준비되었다. 당신을 구원하기 위한 불 병거와 불 말이 온 산에 가득하다. 하나님의 선지자는 불 병거와 불 말을 볼 수 있다. 당신의 눈이 뜨인다면 당신도 볼 수 있다. 사마리아 성문 앞에 있던 나병 환자들처럼, 지금 있는 자리에 앉아서 죽기를 기다리는 것은 어리석은 일이다. 힘을 내라. 우리가 구하는 것이나 생각하는 것보다 훨씬 더 풍성하게 바로 가까이에서 아낌없는 은혜가 부어지고 있다. 단지 믿기만 하고 안식 가운데로 들어가라.

가난한 사람, 병든 사람, 힘없는 사람, 죄를 범한 사람들을 위한 그들만이 누릴 수 있는 좋은 격려의 말씀이 있다. 실패한 사람, 낙담한 사람, 절망한 사람, 죽어가는 사람들을 위한 그들만의 어려운 문제를 배려하면서 힘을 주시는 말씀이 있다. 과부와 고아들에게 주신 약속이 있다. 사로잡힌 자, 행인, 난파선의 선원, 노인, 임종을 맞은 사람들에게 주시는 약속이 있다. 약속이 따라가지 못하는 곳으로 떠돌아다닐 수 있는 사람은 없다. 마치 대기가 지구를 둘러싸고 있는 것처럼 약속이라는 대기가 믿음의 사람들을 둘러싸고 있다.

"주께서 나의 앞뒤를 둘러싸시고 내게 안수하셨나이다 이 지식이 내게 너무 기이하니 높아서 내가 능히 미치지 못하나이다 내가 주의 영을 떠나 어디로 가며 주의 앞에서 어디로 피하리이까"(시 139:5-7)라는 말씀이 있다.

아무리 깊은 어둠도 약속 앞에서 우리를 가릴 수 없다. 오히려 그 존재 앞에서는 밤이 낮처럼 빛나게 된다. 그러므로 용기를 갖자. 믿음과 오래 참음으로 유배된 땅에서 우리의 고향으로 돌아갈 날을 기다리자. 그러면 우리는 구원의 상속자 중 남은 자들처럼 "약속들을 기업으로 받는"(히 6:12) 사람이 될 것이다.

하나님이 택하시고 구원하신 사람들에게 주 예수 그리스도가 주신 약속 중에는 우리에게 어떤 조건도 요구하지 않는 약속들이 있다. 하지만 하나님의 말씀 중에는 우리가 주의 깊게 생각해야 할 조건을 포함하고 있는 말씀들이 많이 있다. 그 조건대로 행하지 않으면 복을 받지 못할 것이다. 우리가 부지런히 말씀을 탐구할 때 지극히 중요한 이 지점을 향해 나아가야 한다. 하나님은 그분의 약속을 지키실 것이다. 다만 하나님은 조건으로 제시하신 방법대로 우리가 그 조건을 주의 깊게 지키는지 지켜보신다. 우리가 약속에 대한 요구 조건을 온전히 감당할 때 그 약속의 성취를 기대할 수 있다. 예수님은 "믿고 세례를 받는 사람은 구원을 얻을 것이요"(막 16:16)라고 말씀하셨다. 주 예수 그리스도를 믿는 사람은 확실히 구원받을 것이다. 그러나 믿지 않으면 구원받지 못한다. 이와 같은 식으로 기도에 대해, 거룩함에 대해, 말씀 읽기에 대해, 그리스도 안에 거하는 것에 대해, 또 무엇이든 그에 대해 주어진 약속이 있다면 하나님이 명령하시는 일에 마음과 영혼을 드려라. 그러면 축복은 당신 것이 될 것이다.

어떤 경우에는 잘 알고 있는 명령을 경시하기 때문에 약속이 이루어지지 않는다. '죄가 문에 엎드려' 있기 때문에 약속이 들어갈 수 없다. 우리가 잘 알지 못하는 명령 때문에 몇 대의 '채찍'을 맞을 수 있다. 그 몇 대의 매로 우리의 행복이 크게 상처를 받을 수 있다. 모든 일에 대한 하나님의 뜻을 알기 위해 노력하자. 그다음에 조금도 주저하지 말고 그 뜻에 순종하자. 우리는 제멋대로 행하지 말고 하나님 지혜의 길로 행해야 한다. "그 길은 즐거운 길이요 그의 지름길은 다 평강이니라"(잠 3:17)는 말씀처럼 말이다.

약속에 조건이 있다고 해서 약속의 은혜를 폄하하지 마라. 사실 이런 방식으로 약속의 가치가 두 배가 되기 때문이다. 약속의 조건은 그 자체로 또 하나의 축복이 된다. 하나님은 의도적으로 우리가 원하는 것과 그 조건이 분리될 수 없도록 만드셨다. 그래서 한 가지만 구하다가 두 가지 은혜를 얻을 수 있다. 또한 약속의 조건은 약속의 상속자가 아닌 사람들에게는 고통스러운 것이다. 그들에게는 약속의 조건이 가시 있는 울타리와 같아서 권리가 없는 복을 받지 못한다. 하지만 우리에게는 약속의 조건이 고통스럽지 않고 즐거운 것이다. 우리가 복을 받는 데 전혀 방해되지 않는다. 약속의 조건은 이집트인에게는 검은 구름과 어두움을 보여 주었지만, 이스라엘 백성에게는 밝은 면을 보여 주고 밤마다 빛을 주었던 것과 같다. 우리에게 예수님의 멍에는 쉽다. 그리고 우리는 그 멍에를 매면서 영혼의 안식을 찾는다. 그러므로 약속의 말씀에 주의하고, 그 모든 전제조건을 다 행하고 있는지 살펴보라. 그러면 모든 좋은 것을 얻을 수 있다.

당신이 주 예수님을 믿는다면 모든 약속은 당신의 것이다. 그리고 그 약속 중에는 바로 오늘을 위한 말씀도 있고, 당신이 처한 바로 이 자리를 위한 말씀도 있다. 그러므로 당신만의 말씀 꾸러미를 잘 살펴서, 이 시간에 당신에게 주시는 말씀을 찾아라. 성경 안에 주신 모든 약속에 대해 하나님은 "이것들 가운데서 빠진 것이 하나도 없고 제 짝이 없는 것이 없으리니 이는 여호와의 입이 이를 명령하셨고"(사 34:16)라고 말씀하셨다. 그러므로 믿음을 가지고 두려워하지 말자. 다른 것들은 실패할지라도 하나님의 약속은 절대 그렇지 않을 것이다. 이 은행에 보관된 보물은 모든 위험에서 안전하다.

여호와께 피하는 것이 사람을 신뢰하는 것보다 나으며
_시 118:8

진리와 은혜의 하나님을 기억하고 그분을 찬양하라.
그분의 놀라운 신실하심을 선포하라.
그분의 능력을 널리 전하라.
하나님 은혜의 감미로운 약속과
행하심을 노래하라.
모든 세계를 죽음에 내던지실 수 있는 분
하나님이 원하시면 그렇게 하시네.
하나님은 말씀하시고, 전능자의 숨결은
위대한 명령을 성취하시네.
그분의 은혜로운 말씀은
하늘을 세우시는 것처럼 강하고,
별들 사이를 흐르는 목소리는
모든 약속을 말씀하시네.

18
약속의 때

약속하신 때가 가까우매 _행 7:17

토마스 브룩스Thomas Brooks, 1608~1680년는 하나님의 은혜는 '빠른swift' 것은 아니지만, '다윗에게 허락한 확실한 은혜'(사 55:3)임을 상기시켜 준다. 하나님이 일을 행하시는 절차를 보면 서두르는 것이 하나도 없다. 하나님 은혜의 마차는 더디 오는 것처럼 느껴진다. 성도들이 "여호와여 어느 때까지니이까"(시 13:1)라고 울부짖는 것은 전혀 이상하지 않다.

여호와의 영광이 네 뒤에 호위하리니 _사 58:8

뒤를 지키는 것은 마지막에 나타나지만 오는 것은 확실하다. 때로 하나님은 우리를 기다리게 하실 수도 있다. 하지만 우리는 하나님이 우리 구원에 알파가 되신 것처럼 확실하게 오메가가 되시는 것을 결국 볼 것이다. 절대로 하나님을 불신하지 말자. 비전이 더디게 올지라도 그 비전을 기다리자. 그 비전은 반드시 이루어질 것이고 지체되지 않을 것이다(합 2:3).

어느 날 배 한 척이 런던항을 출항했다. 선주는 배의 이름을 '빠르고 확실한 Swift-sure'이라고 지었다. 선주는 배가 안전하고 빠르다는 것을 증명하고 싶었다. 그 배의 이름은 하나님의 은혜에 딱 들어맞았다. 하나님의 은혜는 빠르고도 확실하다. 브룩스가 인용한 성경 구절에서는 다윗이 그렇게 말하지는 않았지만, 다른 구절에서는 그런 말을 정말 많이 했다.

그룹을 타고 다니심이여 바람 날개를 타고 높이 솟아오르셨도다 _시 18:10

하나님은 백성의 울부짖음을 더디 듣지 않으신다. 하

나님은 시온에 은혜 주실 때를 정해 놓으셨다. 그리고 그 정해진 시간이 오면 지체하지 않으실 것이다.

약속이 성취되는 시기는 약속의 중요한 부분이다. 실제로 그것은 약속의 본질에 속한다. 빚을 갚는 일을 지체하는 것은 옳지 않다. 약속을 지켜야 할 의무도 마찬가지다. 하나님은 신속하게 은혜의 언약을 지키신다. 하나님은 세상을 홍수로 심판하시겠다고 말씀하셨다. 하지만 노아가 방주에 들어갈 때까지 유예 기간을 온전히 기다리셨다. 그리고 바로 그날 큰 깊음의 샘들이 터졌다. 하나님은 이스라엘이 이집트에서 나오게 될 것이라고 선언하셨다. 그리고 그렇게 하셨다.

> 사백삼십 년이 끝나는 그 날에 여호와의 군대가 다 애굽 땅에서 나왔은즉 _출 12:41

다니엘에 따르면, 하나님은 약속의 연한을 세고 계시며, 기다리시면서 주 단위로 세고 계신다. 약속 중에서 가장 위대한 약속인 하나님의 아들을 보내주실 때, 하나님은 위대한 선물을 미루지 않으셨다.

때가 차매 하나님이 그 아들을 보내사 여자에게서 나게 하시고 _갈 4:4

의심할 여지없이 우리 주 하나님은 정해진 시간에 자신의 약속을 지키신다. 우리는 어려움에 처하면 다급하게 하나님이 빨리 오셔서 구해 주시기를 원한다. 다윗이 시편 70편에서 기도했던 것처럼 말이다.

하나님이여 나를 건지소서 여호와여 속히 나를 도우소서 _시 70:1

나는 가난하고 궁핍하오니 하나님이여 속히 내게 임하소서 주는 나의 도움이시요 나를 건지시는 이시오니 여호와여 지체하지 마소서 _시 70:5

하나님은 은혜의 약속을 속히 지키시는 자신의 모습을 표현하실 정도로 자신을 낮추기까지 하신다.

때가 되면 나 여호와가 속히 이루리라 _사 60:22

그러나 우리는 하나님이 지체하실 수 있다거나 지체하실 지도 모른다는 두려움을 조금이라도 있는 것처럼, 또는 하나님이 빠르게 부지런히 움직이시려면 하나님에게 우리가 필요한 것처럼 기도해서는 안 된다.

주의 약속은 어떤 이들이 더디다고 생각하는 것 같이 더딘 것이 아니라 _벧후 3:9

하나님은 노하기는 더디 하시지만, 은혜의 행동을 하실 때는 "그의 말씀이 속히 달리는도다"(시 147:15)라고 말씀하신다. 하나님이 백성을 축복하시는 속도는 시간과 생각을 초월한다. 예를 들어 하나님이 예전에 선포하신 말씀을 이루실 때 "그들이 부르기 전에 내가 응답하겠고 그들이 말을 마치기 전에 내가 들을 것이며"(사 65:24)라고 말씀하셨다.

그런데 우리의 기도에 대한 응답이 지체될 때가 있다. 농부가 어제 심은 씨앗을 오늘 거두지 않는 것처럼 우리도 항상 하나님께 구한 것을 즉시 얻지 못한다. 은혜의 문은 열리지만 첫 번째 노크에 열리지는 않는다. 그 이유는 무엇일까?

그 과정에 더 오래 머물 때 은혜가 훨씬 더 커지기 때문이다. 하늘 아래 모든 목적에는 때가 있다. 그리고 모든 것은 바로 적기에 최상의 모습을 가진다. 과일은 제철에 무르익는다. 시기가 적절할수록 더 좋은 모습을 갖춘다. 때에 맞지 않는 은혜는 반쪽짜리 은혜일 수 있다. 그래서 하나님은 그 은혜가 온전한 모습을 갖출 때까지 유보하신다. 천국도 우리를 위해 준비될 때까지, 그리고 우리가 천국을 위해 준비될 때까지 우리의 것이 아니기 때문에 천국도 더 좋아질 것이다.

사랑은 은혜가 배열되는 것을 관장하고 가장 좋은 시간이 되면 종을 울린다. 하나님은 즉각적인 응답을 통해서 뿐만 아니라 잠깐의 지연을 통해서도 우리를 축복하신다. 하나님의 시간이 아직 오지 않았다고 해서 하나님을 의심해서는 안 된다. 그것은 어떤 것을 지금 당장 가져야 하고, 지금 갖지 못하면 영원히 갖지 못할 것으로 생각하는 성미 급한 어린아이처럼 행동하는 것일 수 있다. 기다리시는 하나님은 기다리는 하나님의 백성이 참으로 신뢰할 만한 분이다.

그러나 여호와께서 기다리시나니 이는 너희에게 은혜를
베풀려 하심이요 _사 30:18

하나님의 은혜로운 역사가 지연되는 것 같고, 우리
의 슬픔이 깊어질 때도 하나님의 자비는 실패하지 않는
다. 하나님이 우리를 너무 많이 사랑하셔서 평화의 응답
을 지연시킴으로 우리를 훈련하시기 때문이다. 이 땅에
서 우리 주님이 말씀하신 것처럼 하늘에 계신 하나님 아
버지도 마찬가지다.

예수께서 본래 마르다와 그 동생과 나사로를 사랑하시더
니 나사로가 병들었다 함을 들으시고 그 계시던 곳에 이
틀을 더 유하시고 _요 11:5-6

사랑은 하나님의 후히 주시는 손을 막고 은혜가 흘러
넘치는 것을 막는다. 확실한 소득은 시련의 때가 지난 후
에 온다는 것을 알기 때문이다.
약속의 때가 아직 오지 않은 것은 우리의 연단이 아직
그 목적을 다 이루지 못했기 때문이다. 연단은 그 목적을

이루어야 한다. 그렇지 않으면 끝날 수가 없다. 불순물이 제거되기 전에 불 속에서 금을 꺼내고 싶은 사람이 있겠는가? 보배로운 것, 최상의 순전한 것을 얻기까지 기다려야 한다. 용광로 안의 시간은 유익하다. 황금 같은 시간을 단축하려는 것은 지혜롭지 않다. 약속의 때는 마음과 영혼을 가장 부요하게 하는 시간과 상응한다.

또한 우리가 하나님의 뜻에 온전히 복종하지 않았기 때문이다. 아직 인내를 온전히 이루지 못했다. 젖을 떼는 과정이 아직 완성되지 않았다. 하나님이 우리에게 넘어서기 원하는 편안함을 우리는 여전히 갈망하고 있다. 아브라함은 아들 이삭이 젖을 뗐을 때 큰 연회를 베풀었다. 그리고 우리의 하늘 아버지도 우리에게 똑같이 해주실 것이다.

교만한 사람들이여, 겸손하라. 우상을 버려라. 당신이 맹목적으로 좋아하는 것을 버려라. 그러면 약속된 평화가 임할 것이다.

또 우리 상황을 바꾸기 위해 해야 할 일을 하지 않았기 때문이다. 욥이 친구들을 위해 기도했을 때 하나님은 욥의 곤경을 돌이키셨다. 하나님은 우리를 개인적으로 위로하셔서 은혜 주시기 전에 친척이나 친구들에게 우리가 도움이 되게 하실 수도 있다. 우리의 형제가 다 모이지 않으면 우리의 요셉을 보지 못한다. 하나님 집의 규칙 중에 지켜지지 않은 것이 있을 수 있고, 어떤 거룩한 사역이 이루어지지 않았을 수도 있다. 그래서 약속이 이루어지는 것을 방해할 수 있다. 그렇지 않은가?

> 하나님의 위로와 은밀하게 하시는 말씀이 네게 작은 것이냐 _욥 15:11

이제 우리는 하나님께 서원을 하고 하나님께 더 많은 헌신을 해야 한다. 그러면 하나님은 하나님의 언약을 생각하실 것이다. 하나님이 "너는 나를 위하여 돈으로 향품을 사지 아니하며"(사 43:24)라고 불평하지 않도록 하라. 그 대신 다음과 같은 하나님의 도전을 수용하라.

> 너희의 온전한 십일조를 창고에 들여 나의 집에 양식이 있게 하고 그것으로 나를 시험하여 내가 하늘 문을 열고 너희에게 복을 쌓을 곳이 없도록 붓지 아니하나 보라 _말 3:10

하나님은 약속을 이루시면서 영광을 나타낼 수 있도록 때를 정하신다. 그리고 약속의 성취가 지연되는 다른 이유를 알 수 없을 때 이 이유만으로도 충분한 설명이 된다. 우리의 필요와 우리가 갈망하는 축복의 위대한 가치를 더 온전하게 알아야 할 필요가 있다. 너무 쉽게 오는 것에 대해서는 너무 쉽게 생각할 수 있다. 감사를 모르는 우리의 마음은 기다림이라는 훈련을 통해 감사를 배워야 한다. 깊은 숨을 쉬지 않으면 크게 노래할 수 없다. 원하고 기다리는 것은 갈망하고 간구하는 것으로 이어지고, 때가 되면 기쁨과 즐거움으로 이어진다.

하나님이 알고 계신 것처럼 우리도 모든 것을 알 수 있다면, 아픈 매를 맞게 하시고 우리가 울부짖도록 놔두신 일에 대해 전심으로 하나님께 영광을 돌릴 것이다. 우리가 처음과 함께 마지막을 알 수 있다면, 닫힌 문, 찡그린 얼굴, 응답 없는 간구에 대해 하나님을 찬양할 것이다. 분명히 우리는 우리가 바라는 쾌락 없는 삶을 지속하고 우리가 꺼리는 불행을 감당함으로 하나님의 위대한 목적이 이루어진다면, 우리를 가난하게 하시고 우리의 고통에 침묵해 달라고 크게 외칠 것이다. 우리가 구하는 것을 거절당함으로 하나님을 영화롭게 할 수 있다면, 우리는 거절당하기를 원할 것이다. 우리의 모든 기도 중에서 가장 위대한 기도, 모든 약속의 총합은 바로 이 기도다.

그러나 나의 원대로 마시옵고 아버지의 원대로 하옵소서
_마 26:39

성령을 통해 약속을 소유하다

약속의 성령으로 인치심을 받았으니 이는 우리 기업의
보증이 되사 그 얻으신 것을 속량하시고 그의 영광을 찬
송하게 하려 하심이라 _엡 1:13-14

정말 참되고 실제적인 의미에서 언약으로 약속된 것은
이미 믿는 자들의 소유다.

만물이 다 너희 것임이라 _고전 3:21

위대한 하나님 아버지는 아버지 집에 거하는 모든 이
에게 진심으로 "내 것이 다 네 것이로되"(눅 15:31)라고 말

씀하신다. 옛 신학자들은 기업이 이미 "약속으로, 값으로, 원리로in promisso, in pretio, in principiis" 우리의 것이라고 말한다. 이것은 '하나님의 약속으로, 주 예수님이 지불하신 값으로, 그리고 성령으로 말미암아 우리에게 주신 첫 번째 원리로'라는 뜻이다. 하나님은 분명한 약속을 통해 "그리스도 안에서 하늘에 속한 모든 신령한 복을"(엡 1:3) 이미 우리에게 주셨다. 하나님은 장래에 우리를 부요하게 하기로 작정하셨을 뿐만 아니라, 지금도 그분의 사랑의 보화를 우리에게 부어 주신다. 주 예수님은 내세에 우리가 무한한 재산을 상속받도록 하셨을 뿐만 아니라 현재의 분깃을 곧바로 누릴 수 있게 하셨다. 그래서 성경은 "우리가 예정을 입어 그 안에서 기업이 되었으니"(엡 1:11)라고 말한다.

성령님은 많은 방법으로 약속된 기업이 바로 지금 우리의 것이 되게 하신다. 성령으로 말미암아 우리는 '인치심보증, seal'을 받는다. 우리는 기업이 우리 소유라는 것, 우리 자신이 모든 것의 주인이신 그분께 속한다는 사실이 확실하다는 것을 안다. 우리의 거듭남을 위해 성령이 일하시는 것, 성화에 의해 성령이 우리 안에 내주하시는 것은 우리가 은혜 안에 존재하고 있고 영광의 상속자임을 보증해 주시는 것이다. 우리가 구원받았다고 확인해 주는 어떤 증거들보다도, 살아 계신 하나님의 성령이우리 위에 임재하고 계신 것이 가장 확실하고 분명한 증거다. 회개, 믿음, 영적 생활, 거룩한 소원, 위를 향한 호흡, '말할 수 없는 탄식'까지도 성령께서 우리 안에 역사하시고 구원의 상속자에게 맞는 방법으로 일하고 계신다는 증거다. 성령께서 우리 안에 불어넣어 주신 생명은 우리 영혼에 대한 하나님 나라의 위대한 인치심이다. 우리에게는 꿈도, 비전도, 신비스러운 음성도, 환희에 찬 감정도 필요하지 않다. 성령께서 우리에게 힘을 주시고 새롭게 해주시는 것이 가장 좋은 증거가 된다. 약속의 성령님은 어떤 사람들은 받지 못할 복을 위해 그들을 준비시키지 않으신다. 하지만 성령님은 우리에게 역사하셔서우리를 위해 예비하신 축복을 보증해 주신다. 가장 희미한 성령의 증거도 자만심 강한 사람이 한껏 들뜬 기분에서 끌어낼 수 있는 주제넘은 추론보다 우리에게는 가장좋은 증거이며 하나님의 사람들에게 주어진 몫이 된다.

성령은 기업의 보증이 되실 뿐만 아니라 그 기업의 계

약금earnest이 되신다. 계약금은 기업의 일부분으로 나머지도 때가 되면 받게 된다는 것을 보장해 준다. 6일 치 주급의 일부분을 주중에 받았다면 그것은 계약금이다. 이 점에서 계약금은 담보와 다르다. 담보는 보증하는 것을 받게 되면 돌려주어야 한다. 하지만 계약금은 돌려주지 않는다. 계약금은 약속된 금액의 일부분이기 때문이다. 성령님 자신이 믿는 자들이 받게 되는 기업의 위대한 분깃이 되신다. 그래서 우리는 성령님을 모시면서 온전함, 천국, 영원한 영광의 시초를 갖게 된다. 성령님은 영원한 생명이시며, 성령의 은사, 은혜, 일하심은 영원한 행복의 첫 번째 원리들이다. 성령을 모시면 우리는 천국을 상속받는데 하나님께서는 택하신 사람들에게 천국 주시기를 기뻐하신다.

잠시 생각해 보면 더 분명해진다. 천국은 많은 부분이 거룩함 가운데 존재한다. 이곳에서 성령님이 우리를 거룩하게 하신다면 성령님이 우리 안에 천국의 시초를 심으셨다는 것은 분명하다. 천국은 승리다. 그래서 우리가 죄와 사탄, 세상과 육체를 이길 때마다 새 예루살렘에서 종려나무의 물결을 만드는 빛이 바래지 않는 승리를 맛

보게 된다. 천국은 영원한 안식이다. 성령으로 말미암아 우리 안에 넓게 퍼지는 기쁨과 평화가 아니라면 그 완벽한 안식을 무엇으로 미리 맛볼 수 있겠는가?

하나님과의 교제는 영광을 입은 사람들이 받는 복의 중요한 요소다. 그리고 지금 이곳에서 우리는 하나님의 성령에 의해 주님 안에서 기뻐할 수 있고, 우리 구원의 하나님으로 인해 기뻐할 수 있다. 예수님의 모든 은혜로우신 계획과 목적 안에서 주 예수님과 교제하는 것, 하나님과 사람에 대한 사랑으로 예수님을 닮는 것, 이것은 모두 보좌 앞에서 완벽한 조건을 갖추기 위한 중요한 요소다. 그리고 거룩한 성령은 우리 안에서 날마다 일하신다. 하나님을 볼 수 있도록 마음이 청결한 것, 의로움으로 견고해질 수 있도록 온전한 성품을 갖는 것, 악을 이길 수 있도록 선한 일에 강한 것, 하나님 안에서 우리의 모든 것을 발견할 수 있도록 자신을 깨끗하게 하는 것. 하나님 나라가 온전히 실현될 때 하나님 나라의 중요한 축복에는 이러한 것들이 있지 않겠는가? 그리고 이것은 이미 지금 우리 위에 임한 영광과 능력의 성령으로 말미암아 우리에게 부어 주신 것이 아닌가? 그렇다. 우리는 성령 안에서 우리가 구하는 것을 소유하고 있다. 천국의 꽃은 성령 안에서 이미 꽃봉오리로 우리에게 주어졌다. 영광의 날 새벽이 우리를 향해 웃고 있다.

그렇다면 이제 우리는 세간에서 말하는 것처럼 약속된 축복에 대해 이방인이 아니다. 많은 사람이 "기록된 바 하나님이 자기를 사랑하는 자들을 위하여 예비하신 모든 것은 눈으로 보지 못하고 귀로 듣지 못하고 사람의 마음으로 생각하지도 못하였다 함과 같으니라"(고전 2:9)는 말씀을 앵무새처럼 반복하지만, 이 성경 구절에 이어지는 "오직 하나님이 성령으로 이것을 우리에게 보이셨으니"(고전 2:10)라는 말씀은 덧붙이지 않는다.

살아 있는 성경 말씀을 반으로 자르는 일은 얼마나 잔인한가. 눈이나 귀로 알 수 없는 것을 성령께서 우리에게 보여 주신다. 성령은 커튼을 걷어 올리고 대대에 걸쳐 숨겨진 비밀을 보게 하신다. 당신의 영혼 안에 있는 하나님의 생명으로 하나님을 사랑하는 자들에게 약속하신 영원한 생명을 보라. 영광의 삶은 은혜의 삶의 연장이며 부산물일 뿐이다. 속죄의 보혈을 통해 화해함으로 영원한 안식의 토대가 되는 천상의 평화를 보라. 믿는 영혼 안에서 크게 빛나는 하나님의 사랑으로 더없는 축복의 향기를 미리 맛보아 알라. 흔들림 없는 안전과 온전한 확신의 거룩한 평온으로 천국의 영원한 안식을 미리 경험해 보라. 내적 기쁨이 부풀어 오르고 노래로 터져 나올 때 우리는 천상의 할렐루야의 전주를 듣는다. 우리가 가나안 땅의 열매를 안다면, 성령의 인도하심으로 좋은 땅에 들어가서 가장 좋은 열매를 가져왔던 정탐꾼들과 똑같은 감정과 기대는 그 열매를 가져올 것이다.

우리는 기업을 받게 될 뿐만 아니라 이미 소유하고 있다. 성령을 받음으로 우리는 이미 젖과 꿀이 흐르는 땅을 소유하고 있다.

이미 믿는 우리들은 저 안식에 들어가는도다 _히 4:3

그러나 너희가 이른 곳은 시온 산과 살아 계신 하나님의 도성인 하늘의 예루살렘과 천만 천사와 _히 12:22

하나님의 아들 안에서 거룩한 기업에 참여한 사람으로서 높고 거룩한 하늘의 부르심의 가치에 맞게 행하기 위해 그들에게 남아 있는 것은 무엇인가?

그러므로 너희가 그리스도와 함께 다시 살리심을 받았으
면 위의 것을 찾으라 거기는 그리스도께서 하나님 우편
에 앉아 계시느니라 _골 3:1

20
약속과 예수님

하나님의 약속은 얼마든지 그리스도 안에서 예가 되니
그런즉 그로 말미암아 우리가 아멘 하여 하나님께 영광
을 돌리게 되느니라 _고후 1:20

우리 주 예수님은 항상 약속의 길way과 관련되어 있다.
실제로 예수님은 '길이요 진리요 생명'이 되신다. 예수 그
리스도를 통하지 않고는 아무도 신실한 약속자이신 하나
님께 갈 수 없다. 한 장에 걸쳐 짧게라도 예수님에 대해
말하지 않고는 이 작은 책을 끝낼 수 없다. 나는 당신이
이 책에 기록된 단어에서 그것이 성경 말씀일지라도 예
수 그리스도를 통해 받은 것이 아니라면 어떤 위로도 받

지 않기를 바란다. 예수님을 떠나서는 성경 그 자체에는 사람의 영혼이 먹을 만한 것이 없다. 사실 이것은 많은 사람이 행하고 있는 큰 잘못이다. 그들은 성경 안에서 영생을 찾을 수 있다고 생각하기 때문에 성경을 열심히 탐색한다. 그러면서도 생명을 얻을 수 있는 예수님께 가려고 하지 않는다. 이런 어리석은 무리에 속하지 않도록 하자. 그 대신 날마다 예수님께로 나아가자. 이것이 하나님 아버지를 기쁘시게 하는 것이다. 그 하나님 안에 모든 충만함이 있다. 우리는 예수님을 알 때만 빛과 생명, 약속의 상속자로서 누리는 자유를 알 수 있다. 그리고 예수님을 떠나 방황하는 만큼 우리는 노예 상태로 배회하게 된다. 예수님 안에 있는 은혜로 말미암아, 예수님 안에서 맺은 언약의 모든 좋은 것을 소유할 수 있다.

예수님은 약속의 문이 되신다. 예수님을 통해서 하나님은 죄인인 사람들과 은혜의 언약을 맺으실 수 있다. '여자의 후손'이 하나님과 인간 사이의 중재자로 정해지기 전까지 어떤 위로의 메시지도 죄를 범한 인간에게 전달될 수 없었다. 하나님의 말씀이 육신을 입고 우리 가운데 거하시기 전까지 하나님은 죄인들에게 말씀하지 않으셨다. 하나님은 말씀이신 예수님을 통하지 않고는 사람들에게 사랑의 마음을 전할 수 없으셨다. 하나님이 언약의 전달자인 예수님 없이 우리에게 오실 수 없었던 것처럼, 우리는 중재자인 예수님을 통하지 않고는 하나님께 나아갈 수 없다. 하나님의 아들 안에서 온유한 연민으로 가득한 맏아들의 모습을 보기 전까지, 우리는 두려움 때문에 거룩하신 하나님에게서 떠나 있었다. 성육신하신 하나님의 부드러운 광채를 보기 전까지 우리는 거룩한 삼위일체의 영광에 위축되어 있었다. 우리는 하나님 아들의 인성을 통해, 특히 우리를 위해 고난받으시고 죽으신 그 인성을 통해 나아갈 수 있다.

예수님은 모든 약속의 총합이 되신다. 하나님은 그분의 아들인 예수님을 우리에게 주기로 약속하셨을 때, 우리 구원에 필요한 모든 것을 예수님을 통해 주셨다. 모든 좋은 선물과 완벽한 선물은 우리의 구원자이신 예수님의 인격, 사명, 사역 안에서 찾을 수 있다. 모든 약속은 '그분 안에' 있다. 우리가 그 모든 약속을 다 더하면, 혹은 그 약속이 우리에게 보장하는 모든 복을 긴 카탈로그로 만든다면, 그 목록이 "하나님이 우리에게 그분의 아들 예수님을 주셨다"라는 하나의 문장으로 압축된다는 사실을 알고 고통에서 벗어나 행복해질 것이다.

모든 별이 하늘에 있는 것처럼, 모든 파도가 바다에 있는 것처럼, 모든 언약의 축복은 그리스도 안에 있다. 우리 주님 밖에서는 참된 축복을 생각조차 할 수 없다. 예수님은 모든 것의 모든 것이 되신다. 이 실에 모든 진주가 꿰어져 있다. 이 보석함 안에 모든 보석이 들어 있다.

예수님은 약속을 보증해 주신다. 자기 아들을 아끼지 않으신 하나님은 자기 백성에게 그 어떤 것도 거절하지 않을 것이다. 하나님이 철회할 생각을 하셨다면, 그분의 독생자를 영원한 희생 제물로 삼기 전에 그렇게 하셨을 것이다. 하나님이 어떤 약속 하나라도 취소하실 것이라는 의심은 전혀 할 수 없다. 하나님은 이미 모든 약속 중에서 가장 위대하고 값비싼 약속을 이루셨기 때문이다.

자기 아들을 아끼지 아니하시고 우리 모든 사람을 위하여 내주신 이가 어찌 그 아들과 함께 모든 것을 우리에게 주시지 아니하겠느냐 _롬 8:32

예수님은 약속을 확증해 주신다. 그 약속은 '그리스도 안에서 예와 아멘'이 된다. 예수님이 인간의 본성을 입고 오신 것, 예수님이 연합한 성도들의 머리가 되신 것, 그리고 언약의 모든 조항을 이루신 것, 이 모든 것 덕분에 하나님 언약의 모든 조항이 확실하고 영원한 것이 되었다. 이제 하나님이 사람들에게 약속을 지키시는 것은 자비로울 뿐만 아니라 정의로운 일이기도 하다. 예수님이 인간을 위해 죄로 인해 가려졌던 하나님의 영광을 온전히 회복하셨기 때문에 약속의 모든 말씀을 확실하게 시행하는데 하나님의 정의와 하나님의 사랑은 서로 연결된다. 세상이 홍수로 멸망하지 않는다는 것을 무지개가 확증해 주듯이, 예수님은 인간의 죄악의 홍수에 하나님의 신실한 온유하심이 휩쓸리지 않는다는 것을 확증해 주신다. 예수님은 율법을 완성하시고, 율법을 영광스럽게 하셨다. 예수님의 영혼이 고통받으신 것에 대해 예수님은 보상받으셔야 한다. 그리고 예수님을 위해 죽은 사람들도 좋은 것을 모두 받아야 한다. 약속을 확증하기 위해 필요한 모든 일을 행하신 후에 지금 약속이 아무 효과가 없는 것이 된다면 모든 일이 흐트러지고 혼란스러워질

것이다. 우리가 정말 주 예수 그리스도와 하나라면 예수
님에 대한 하나님의 사랑이 확실한 것처럼 약속도 우리
에게 확실하다.

예수님은 약속을 기억나게 하신다. 예수님은 우리를
위해 하나님께 간구하신다. 그리고 예수님의 간구는 하
나님이 약속해 주신 것이다.

그러나 그가 많은 사람의 죄를 담당하며 범죄자를 위하
여 기도하였느니라 _사 53:12

하나님이 약속해 주신 좋은 것에 대해, 우리는 하나님
께 우리를 위해 그 일을 행하실 것인지 질문하게 된다.
그리고 이 질문은 가장 고무적인 상황에서 하게 될 것이
다. 보라, 주 예수님 자신이 우리를 위한 중보자가 되신
다. 시온을 위해 예수님은 침묵을 지키지 않으신다. 대신
밤낮으로 영원한 언약과 그 언약을 보증하고 확증하는
데 사용된 보혈을 기억하게 하신다. 모든 약속 뒤에는 살
아 계시고, 간구하시며, 능력 많으신 대제사장이 계신다.
우리는 신실한 약속을 잊을 수도 있지만, 예수님은 잊지

않으신다. 예수님이 전능한 중보 기도를 하고 계신 장막 안에 있는 그곳에서, 예수님은 자신이 행하신 공로의 향기를 발하시고 우리를 위한 하나님의 언약을 드러내실 것이다.

예수님은 약속을 이루어 주신다. 예수님은 첫 번째 오셨을 때 그분의 것으로 정해져 있던 축복의 많은 부분을 우리에게 주셨다. 그리고 두 번째 오실 때는 우리에게 안식을 주실 것이다. 우리의 영적 부요함은 영원히 찬양받으실 예수님의 인격과 연관되어 있다. 예수님이 사시기 때문에 우리는 산다. 예수님이 다스리시기 때문에 우리는 다스린다. 예수님이 인정받으시기 때문에 우리는 인정받는다. 예수님이 나타나실 때 우리도 나타날 것이다. 예수님의 승리로 우리는 승리할 것이다. 예수님의 영광으로 우리는 영광을 받을 것이다. 예수님은 하나님 약속의 알파와 오메가가 되신다. 그분 안에서 우리는 죄인으로서 생명을 발견하고, 그분 안에서 우리는 성도로서 영광을 발견한다. 예수님이 부활하지 않으셨다면 우리의 믿음은 헛것이다. 하지만 예수님이 죽음에서 일어나셨기 때문에 우리는 의롭게 되었다. 예수님이 아버지의 영광으로 오실 것이기 때문에 우리도 영광을 받을 것이다.

당신은 그리스도와 어떤 관계를 맺고 있는가?

모든 것은 이 질문에 대한 당신의 대답에 달려 있다. 당신은 오직 예수님만 믿고 있는가? 그렇다면 하나님은 당신을 축복하고 당신에게 선한 일을 행하겠다고 약속하셨다. 그리고 하나님은 놀라운 방법으로 이 일을 행하셔서 당신을 놀라게 하실 것이다. 하나님이 자기 아들인 예수님을 기뻐하는 사람에게는 너무 좋은 것이어서 주지 못하시는 것이 없다. 반면 당신은 자신의 행함, 감정, 기도, 의식을 믿는가? 그렇다면 당신은 율법의 행위를 의지하고 저주 아래에 있는 사람이다. 여종 하갈의 자손에 대해 말했던 것을 기억하라. 그리고 당신의 분깃이 무엇일지 생각해 보라.

오, 당신이 노예로 구속받고 있는 집에서 벗어나 값없는 은혜의 집으로 피할 수 있다면, 그래서 하나님이 약속하신 대로 축복받을 사람이 될 수 있다면…….

하나님은 주 예수 그리스도로 말미암아 당신에게 이 위대한 은혜를 주실 것이다. 아멘.

카라바조, 〈엠마오의 식사〉
1601년, 캔버스에 유채, 141×196cm, 내셔널 갤러리 32실